ブックレット《アジアを学ぼう》41

# 社会の中でカンボジアを生きる

## 在家修行者の経験と功徳の実践

大坪加奈子

風響社

地図1　スヴァーイリエン州と調査地の位置

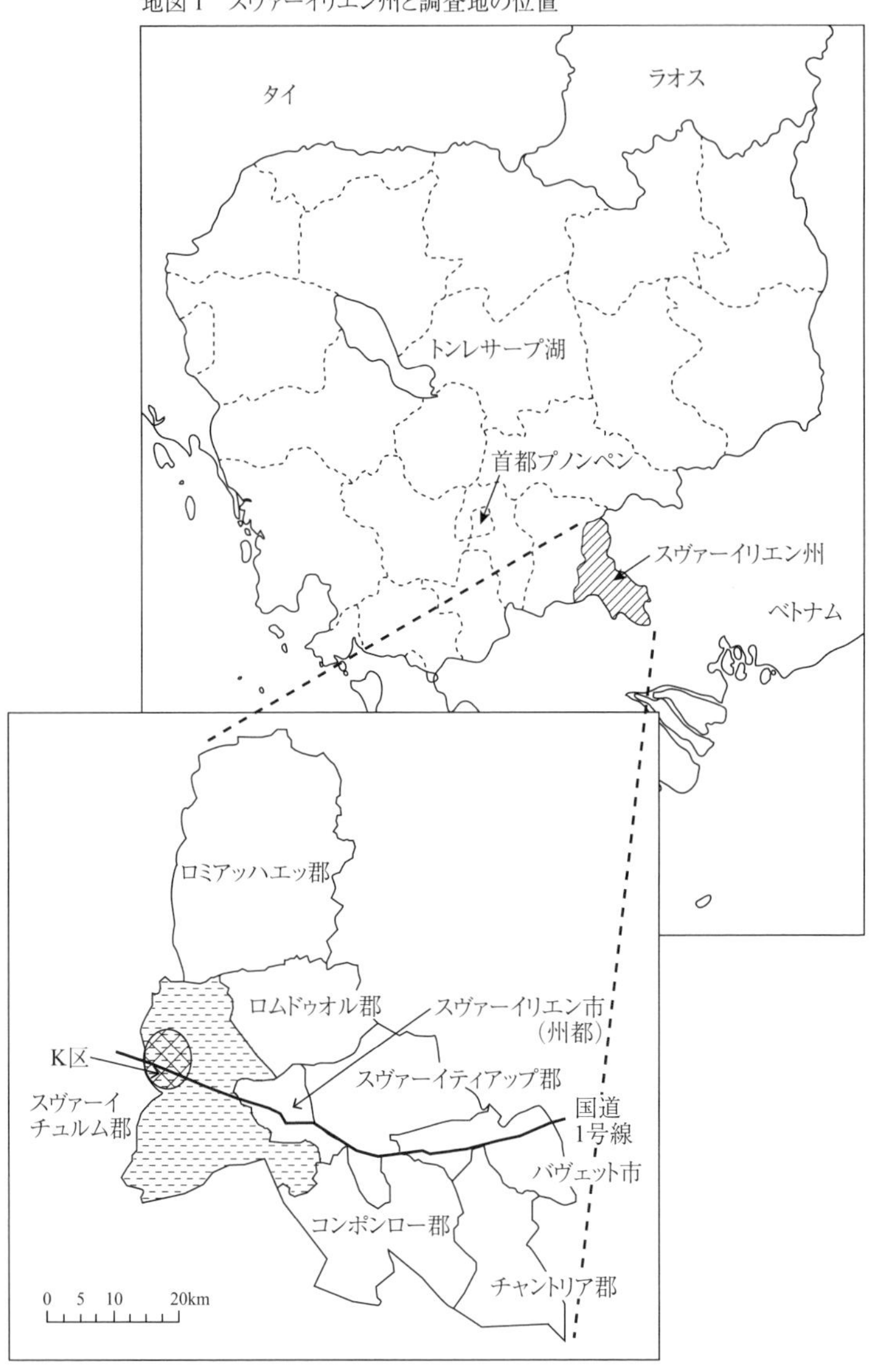

# 社会の中でカンボジア仏教を生きる
## ――在家修行者の経験と功徳の実践

大坪加奈子

### はじめに――「私」のカルマと「生」

「カルマは影と同じだ。どこにいてもついてきて離れることはできないのだ。だから功徳を積むのだ」。

寺院に行った帰りに寺院の門をくぐると、いつも物静かなラーおばあさん[1]はふと立ち止まって自分の影を指差し、微笑みながら私に言った。ラーおばあさんの夫はよく浮気をした。ついには相手の女性を妊娠させてしまい、現在、夫とその女性の間には二人の子どもがいる。そのことで口論になった際に夫に暴力をふるわれ、片耳が聴こえなくなってしまった。それでも子どもたちのために夫と暮らしてきたという。カルマ[2]（P: kamma, K: kam / កម្ម）とは「自らの意志（P: cetanâ, K: cetana / ចេតនា）によってなされた結果をもたらす行為」である。カンボジアでは、行為というよりも悪い結果を指してカルマと呼ぶことが多く、身にふりかかった不幸の要因は過去世での悪行によるものとされる。生老病死を繰り返す輪廻の中にいる以上はカルマから逃がれることはできない。ラーおばあさんが「カルマは影」と表現したのはそのためであった。たとえ不幸の原因がカルマにあるとしても、無始ともいわれる連綿と続く輪廻の中で、それがいつの行為のものかは見当もつかない。だからこそ人間として生きている間に、できる限りの功徳を積んでおくことが必要だと考えられている。ラーおばあさんは夫の浮気を契機としてカルマや功徳について考え、八戒を守るようになったという。ここでの功徳とは、「善そのものや善行、善行を為すことで得られる福徳」を意味する。八戒とは、①生き物を殺さない、②与えられていないものを取らない、③一切の性行為をしない、④嘘をつかない、⑤放逸の原因となり、人を酔わせる酒や麻薬類を使用しない、⑥正午以降に食事をしない、⑦踊り、歌、音楽を鑑賞しない、また装飾品や香水・化粧品などの身を美しく飾るものを使用しない、⑧高い寝台、立派な寝台に寝ない、という八つの守るべき項目である。(3) 戒を守ることは善行為の中でも重要な実践となっている。

ラーおばあさんの功徳の実践は、戒を守る他、寺院や僧侶への布施、仏教儀礼への参加、瞑想センターのプログラムへの参加などがある。その他、寺院を運営する寺委員会に所属して寺院の仕事も手伝う。地域で重い病気の人がいれば助けるための経文の朗誦に呼ばれることも多く、積極的に参加している。ラーおばあさんは功徳を積んだ後、その功徳を亡き両親にも回向(えこう)するという。功徳を積むのは「亡くなった両親と自分が幸せになるため」であり、「未来は私たちの功徳やカルマが準備しているので、それにゆだねるのだ」と語る。ラーおばあさんにとって、功徳の実践は未来をよりよき方向に向かわせるための方法である。

人によって程度の差はあれ、ラーおばあさんのように人は生きていれば誰でも挫折や困難な経験をする。そうした辛く苦しい状況にどのように対処するかは、それぞれの人生観に裏打ちされたものであろう。カンボジアでは人口の九割以上が仏教徒であり、辛く困難な経験を契機として、現在と未来の幸福のため、災厄や不幸な出来事から身を守るため、そして苦から解放されるために「功徳を積む」という方法を実践する人びとがいる。

本書は合計約一年一〇ヶ月間のフィールドワークから、ローカルな人びとの経験と功徳の実践について明らかにし、それが地域社会の共同性とどのように関連しているのか、という具体的な状況を明らかにするものである。結論を先取りしていうならば、人びとは自らの幸福のために実践を行うものの、それらの実践は常に社会と共にあるといえる。実践とは、戒の保持、寺院や僧侶への布施、仏教儀礼への参加、寺院や僧侶の手助け、他者を助けることなどである。ラーおばあさんのように功徳を実践する人びとの経験と実践に焦点を当て、功徳の実践が地域社会の共同性と接続する活動、とりわけ寺院の社会活動に着目する。

これまでの上座仏教社会の功徳に関する先行研究では、（1）カルマの観念を背景として、功徳を積むことでよりよき未来や再生を保証するという救済財として実践を導く功徳［cf. Keyes 1983., Spiro 1966］、（2）村落の社会構造における関係性の中で共有され、功徳を積む者と共有される者の境遇を変え、関係性の維持や新たな関係性を構築する功徳［cf. 林 一九八九、二〇〇〇、Tambiah 1968, 1970］という二つの側面について指摘されてきた。いずれも、功徳は外部に対して働きかけるものである点については共通している。本書ではこれらの功徳の側面について検証しながら、具体的な事例をもとに救済財としての功徳がいかに人びとに運用され、他者と共有されるのか、功徳の観念と実践についての様態を明らかにする。

## フィールドワークについて

本書で用いる資料は、二〇一二年八月から二〇一三年一二月までの約一年四ヶ月間の長期調査およびその後の三回の補足調査（二〇一四年一二月から二〇一五年三月、二〇一五年六月から八月、二〇一五年一二月から二〇一六年二月）によって得られたものである。現地調査では、スヴァーイリエン州スヴァーイチュルム郡K区での住み込み調査を中心とし、首都プノンペンおよびスヴァーイリエン州の州都で資料収集および聞き取り調査を行った。K区では、T村にあるK寺の寺院アチャー[4]の家に住み込みながら、K区内の寺院の仏教実践に関する参与観察を中心に調査を行った。

本書が対象としているのは、カンボジア南東部に位置するメコンデルタ地帯にあるスヴァーイリエン州である。

スヴァーイリエン州は面積二九六六平方キロメートル、人口五七万八三八〇人（二〇一三年政府統計［NISMP 2013］）であり、他州と比べて面積は小さく、人口密度が高い州である。プレイヴェーン州に隣接する他、ベトナム領土に大きく突き出した形状をしているため州境の大部分をベトナム国境と接している。州都はプノンペンから国道一号線を南東へ向かって一二二キロメートルの地点に位置している。近年、カンボジアは急速な発展を遂げており、日系企業を含めた外資系企業の進出が目覚ましい。近代的なカフェやレストラン、スーパーマーケットが建ち並ぶ首都のプノンペンと打って変わって、州都のスヴァーイリエン市は中心部でも交通量は少なく、牛が道路を歩き、のんびりとした風景が広がる。

スヴァーイリエン州のバヴェット市には工場やカジノが立ち並ぶ経済特別区があるものの、州全体の主な生業は稲作を中心とした農業である。雨期になると一面に青々とした美しい水田の風景が広がる。地域によっては水辺でくつろぐ水牛たちを見ることができる。近年、高収量で発育が早いＩＲ種と呼ばれる稲を一年中栽培する農家が現れているものの、大半の人びとは雨期の天水を利用した在来種の単作を行う。したがって農閑期の乾期には、就労を目的として首都のプノンペンをはじめ、他州に移動する人びとが少なくない。特に建設現場や縫製工場での就労の他、トゥクトゥクと呼ばれる三輪タクシーやバイクタクシードライバーとして出稼ぎに行く人びとが多く見られる。

現在、タイや韓国といった海外の出稼ぎが増加しており、その中でも韓国での就労を志望する若者が増えている。州内の各地に韓国語能力試験対策用の学校が開講されており、筆者が住み込み調査を行ったＫ区でも開講されていた。Ｋ区の学校では毎年数十人が試験に合格して韓国へと旅立っていった。韓国の出稼ぎは給与が一〇〇〇ドルから三〇〇〇ドルと非常に高く、仕送りで立派な家を新築した家は周囲から羨望の眼差しで見られていた。このことが地域内の格差を拡大させており、韓国への出稼ぎを目指す若者を急増させていた。このようにスヴァーイリエン州は、出稼ぎを多く輩出していることが一つの特徴となっている。そのことはカンボジア国内においてもよく知られおり、スヴァーイリエン州の人びとは「貧しい」「ネアックスラエ（原義は「稲の人」だが、田舎者の意味で使用される）」と他州の人びとから称される理由となっている。

本論に入る前に調査地での筆者の立ち位置について触れておきたい。筆者は文化人類学を学び、仏教について調査をしている学生として調査地に入った。当然、ほとんどの人びとは文化人類学が一体どんな学問なのかを知らなかった。筆者の調査を手伝ってくれていたスレイさんは、村を離れて州都で弁護士をしている男性に電話をしてそれが何を意味するのかを確認していた。しかし地域の人びとの大半は、筆者のことを「仏教が好きな人／功徳を積むことが好きな人」として理解していた。そのため、「この人は功徳を積むのが好きだから」と言われ、頻繁に仏教儀礼に呼ばれることになった。当然、その儀礼の調査は終わったから参加しないという訳にはいかず幾度も同様の儀礼に参加した。ついには読経のために招かれる、布施される、感謝される、ということも生じた。仏教儀礼の参与観察を行うことが「功徳を積むための参加」として人びとに解釈され、「よき仏教徒」としてのふるまいを期待された。そして筆者自身もそれに応えるべく五戒を守り、仏教実践を行うこととなり、気がつけば幼稚部や図書館の建設のためのプカー祭（資金を集めるための儀礼）の主催者になっていた。

人びとと一緒に仏教実践を行うことは、人びとの世界の見方や「生」への向き合い方を学ぶことである。それは同時に、自分の世界の見方を考え直すことであり、自分の「生」について向き合うことでもあった。フィールドワークの中でカンボジアの人びとが筆者に教えてくれた仏教とは、論文を書くための単なる知識ではなく、筆者自身がこの世界で生きていくための「智慧」であり、生きる方法そのものともなった。本書はそうした筆者のフィールドワークでの経験と、そこで出会った仏教を生きる人びとの経験の相互作用によって生まれたものである。人は困難に遭遇したときにどのように対処するのか。そして、どのように希望を見いだすのか。本書がカンボジアという国境を越えて、現代の日本を生きる人びとの「生」に希望をもたらす一助となれば幸いである。

## 一　カンボジア仏教とは何か

### 1　カンボジア仏教の思想と構造

まず、カンボジアで実践されている上座仏教とはどのようなものかを紹介したい。東南アジア大陸部に位置するカンボジアでは、上座仏教の受容に関して不明な点が多くあるものの、一三世紀には上座仏教を受容し、人びとの間に浸透したと考えられている[5][Chandller 2008: 80-81]。上座仏教は英語でTheravada Buddhismと表記し、「長老＝上座（P: thera）」の「説、教え（P: vāda）」を意味することから、上座部仏教やテーラワーダ仏教とも呼ばれる。その他、インドから南方を経路にして伝わったことから南伝仏教と呼ばれることもある。今日、カンボジアの他、スリランカ、ミャンマー、タイ、ラオスの国々の多くの人びとに実践されている仏教である。こうした上座仏教を信仰する国々は経蔵、律蔵、論蔵の三部で構成されるパーリ経典を護持している点で共通している。しかし共通の経典を護持しながらも、各国の政教関係、文化や習慣、地理的環境を背景に多様な実践が展開されているのもその特徴である。カンボジアにおいて上座仏教は「ブッダの宗教」と呼ばれており、ブッダの教えそのものと理解されている。

上座仏教の教理の特徴は、「苦（P: dukkha, K: tuk / ទុក្ខ）からの解放」であり、その境地である「涅槃（P: nibbāna, K: nippean / និព្វាន）」を目指すところにある。ブッダの教えの根幹は、とどのつまり四聖諦である。四聖諦とは、生きることは苦であること、苦の原因は渇愛（P: taṇhā, K: tanha / តណ្ហា）であること、渇愛を滅すれば苦がなくなること、渇愛を滅する方法が八正道（正見：正しく四聖諦を理解すること／正思惟：貪りから離れ、他の生命に対して怒りや害する心をもたないこと／正語：嘘、仲違いさせるための中傷、粗暴な言葉、無駄話を離れること／正業：他の生命を傷つける行いをしないこと／正命：

他の生命を害する仕事を避け、正しい仕事をすること／正精進：悪を為さず、善を為す努力をすること／正念：身体、感覚、心、法を観察する瞑想を行うこと／正定：瞑想修行により心を安定させ、善心のみの境地に入ること）であることを示している。

ブッダは全ての現象が、「無常・苦・無我」という三つの性質（三相）を有すると説いている。つまり全ての現象は生起消滅によって変化し続けており（無常）、そのような変化し続ける現象に対して欲望をもっても永遠に満足することはなく（苦）、何一つ自分の思い通りにコントロールできない（無我）ということである。そして、そのような状態が生まれてから死ぬまで続くのであり、さらには涅槃にいたるまで延々と続くのである。カンボジアの僧侶は、法話の中で「人生というものは無常・苦・無我である。[6] 輪廻の中で生というのはまるでバイクや自転車のタイヤのようにぐるぐると回転している。バイクや自転車は前に進むがタイヤはただ回転しているだけだ」と説いていた。そのタイヤの回転のような輪廻の輪から抜け出す方法が八正道である。

この輪廻（P: saṃsāra）とは一般に転生を繰り返すこと、または転生する境界を指して使用される。そして、〈行為―結果〉というカルマによる現象の継続そのものが輪廻へと導く。つまり、原因となる行為によって結果が生じることで次の生へとつながるのである。全ての生きとし生けるものは、命が尽きれば行為の結果（業果）を受けるにふさわしい境界へと転生していく。このように輪廻とカルマの思想は密接に関連し、上座仏教の思想の土台となっている。

以上のような教理をもつ上座仏教の構造はどのようなものか。上座仏教徒社会は、出家者である僧侶とそれを支える在俗信徒によって構成されている。つまり律によって一切の労働を禁じられている僧侶に対して、在俗信徒がその生活基盤を布施によって支えることで成立している。僧侶以外にも在俗信徒として仏教実践を行いながら修行する人びとがいる。仏教修行者の種類は表1の通りである。カンボジアの出家者は比丘（P: bhikkhu, K: pikko / ភិក្ខុ）と沙弥（P: sāmaṇera, K: samaner / សាមណេរ）がいる。まず比丘とは授戒師によって二二七の比丘戒を受けられた出家者であり、

表1　仏教修行者の種類

| | (1) | (2) | (3) | (4) |
|---|---|---|---|---|
| 男性 | 比丘 | 沙弥 | ターチー | ウバーソック |
| 女性 | (なし) | (なし) | ドーンチー／イェイチー | ウバーシカー |
| 特徴 | 227の律を守る僧侶 | 10戒を守る見習い僧 | 8戒ないし10戒を守る修行者 | 5戒ないし8戒を守る修行者 |
| サンガ構成員 | ○ | ○ | × | × |
| 寺院居住 | ○ | ○ | ○ | ○／× |
| 出家／在家 | 出家 | 出家 | (出家)※ | (出家)／在家 |

※　厳密な意味での出家者ではないが、寺院で修行生活を送る。

満二〇歳以上の男性に限られる。そして、沙弥とは一〇戒を守って比丘と同様に寺院で生活する見習い僧である。しかし、短期出家や比丘としての出家が難しい場合は満二〇歳以上でも沙弥として出家する場合がある。律によると正式に沙弥として出家できる年齢は一五歳以上とされるが、カンボジアでは一〇歳前後でも出家が許されていた。また二二七の比丘戒に関しても、正午以降に食事をしないこと、女性にふれないこと、酒を飲まないことについては厳格に守られているが、一人で外出することや金銭に触れるなど、他の比丘戒に関してはゆるやかに守られている。

寺院には出家者の他にも、僧侶の身の回りの世話や雑用などをしながら経文を覚え、住職より許しを得てから沙弥として出家する少年（コーンサッロークやクメーンヴォアットと呼ばれる）もいる[7]。現在、上座仏教社会において比丘尼サンガ（僧団）は途絶えているため制度上は存在しないが、カンボジアにはドーンチーやイェイチーと呼ばれる女性修行者たちが存在する。サンガ（僧団）の構成員ではなく正式な出家者ではないものの、いわゆる「準出家者」として八戒ないし一〇戒を守りながら寺院に居住している。農村地域のドーンチーの大半は高齢の女性である。全身に白い布を纏うか、白色の上着に黒いスカートをはいていることが多い。また、非常に数が少ないもののドーンチーのように戒を守って寺院に居住するターチーと呼ばれる男性修行者もいる。一般的に、女性修行者が寺院に居住する場合は敷地内に各自が小さな小屋を建てて暮らしている。この他、五戒ないし八戒を守る女性修行者のウバーシカー（優婆夷）、男性修行者のウバーソック（優婆塞）と呼ばれる者がいる。ウバー

表2　全国およびスヴァーイリエン州の寺院数と僧侶数の変遷

| | 2011 | | 2012 | | 2013 | | 2014 | |
|---|---|---|---|---|---|---|---|---|
| | スヴァーイリエン州 | 全国 | スヴァーイリエン州 | 全国 | スヴァーイリエン州 | 全国 | スヴァーイリエン州 | 全国 |
| 寺院数 | 236 | 4,522 | 236 | 4,553 | 240 | 4,676 | 243 | 4,755 |
| 僧侶数 | 1,795 | 56,788 | 1,626 | 53,257 | 1,607 | 57,454 | 1,623 | 59,516 |

出所：宗教省作成の統計資料より作成

シカーやウバソックは在家が多いが、寺院で修行する者もいる。農村地域ではドーンチーやターチーが止住する寺院は少なく、また止住する場合も非常に数が少ない。

僧侶と俗人の境界は、外見／所作／言葉の三つによって明確に分けられる。僧侶は剃髪して黄衣を纏い、僧侶専用の言葉を用いる。そして、俗人は僧侶に三拝して僧侶に対する専用の言葉を用いて敬意を示す。しかし、日常において僧侶は地域の出身者であることが多く、村の人と冗談を言い合ったり、家族が相談に来たりと地域社会の関係性の中に埋め込まれて存在する。しかし、ひとたび仏教儀礼が開始されると、僧侶の着座する位置や朗誦する経文も俗人とは異なり、明確にその境界が現れる。

表2は寺院数と僧侶数の変遷である。二〇一四年の統計では、全国にある四七五五の寺院に僧侶が約六万人存在している。宗教と生活の実践の場である寺院は、基本的に地域の人びとが訪問できる距離に位置している。檀家制度はなく、人びとはどの寺院に参詣してもよいが、日常では近隣の寺院に参詣することが多い。寺院に選択肢がある場合は、先祖の墓があることや僧侶の実践方法、僧侶との関係性によって選択されることもある。

出家者について述べると、寺院に止住する僧侶数は一定ではなく、還俗や移動によって変動する。また僧侶の「貸し借り」が行われており、移動や還俗により僧侶が減少した際に、他の寺院へ一時的に僧侶を派遣するという行為がある。K区でもK寺とB寺の住職の関係が良好であったため、互いの要請に応じて両寺院間で僧侶の移動が頻繁に見られた。その他、年中仏教儀礼での一時的な僧侶の招聘というのは一般的に行われている。

僧侶数について述べると、比丘よりも沙弥が多い。カンボジアには仏教学校（経律〈トンマヴィネイ〉学校、仏教初等教育学校、仏教中等教育学校、仏教高等教育学校、仏教大学）があり、経と律を学ぶトンマヴィネイ学校を除いて公立学校とパラレルに構成されている。そして、制度上は仏教学校を卒業すると公立学校の卒業資格が得られる。こうした背景から多くの男子が就学を目的として出家するので、二〇歳以下である沙弥の数が多いと考えられる。一九五九年から一九六〇年にかけて農村での住み込み調査を行ったエビハラによると、出家することはカンボジア文化の理想であり、エビハラの調査村では一七歳以上の男子の四分の三が出家していたとされる［Ebihara 1968: 385］。しかし、現在のカンボジアでは出家は望ましいことであるものの、通過儀礼としての一時出家の慣行はなくなっており、他の具体的な目的や理由のために出家することが多い。

出家理由として、僧侶らは表向きには「功徳を積むため」や「両親への恩返しのため」という理由を述べるが、実際には家が貧しいなどの経済的要因が大きく、学業継続のために出家する男子が多くいる[8]。そのため、就労可能な年齢になると還俗することも少なくない。一般的に、地元や縁者がいる村落で出家した沙弥は、仏教初等教育学校や仏教中等教育学校を卒業すると教育カリキュラムが充実している首都のプノンペンへと移動する[9]。その後、大学で経済や経営、英語、コンピューターなどの一般科目を学んでいる。そのため、プノンペン中心部の寺院の庫裏（くり）（僧侶の住まい）はいつも満員で中々入れないという。進学と同時にプノンペンの寺院に移動し、大きな仏教儀礼になると故郷の寺院に帰って布施を得てからプノンペンに戻るというパターンはよく見られる。

出家の理由について、沙弥は経済的要因が大きいが比丘の場合は実に多様である。しかし教理上の涅槃を目指す出家者はまれである[10]。例えば、K区の僧侶の出家には次のような理由がある。「離婚で悩み苦しんだため」「麻薬を絶ったため」「退廃的な生活に疲れたため」「父からの暴力を避けるため」などがあり、「出家という選択肢しかなかった人びと」が存在する。出家理由は各人の人生をそのまま反映させていた。このように出家という行為は、貧困世帯の男子が出家して学ぶことによって社会階梯を上昇させるだけではなく、世俗から逃れて一時的ないし永続的に

表3　宗教行政とサンガの関係

| | 国家行政 | マハニカーイ派 | トアンマユット派 |
|---|---|---|---|
| 国家レベル | 宗教省 | 大管僧長 | 大管僧長 |
| 州レベル | 州宗教局 | 州僧長 | 州僧長 |
| 郡レベル | 郡宗教局 | 郡僧長 | 郡僧長 |
| 寺院レベル | — | 僧院長（住職） | 僧院長（住職） |

寺院に避難するという側面も持ち合わせていた。

## 2　カンボジア仏教の盛衰

現在、カンボジアにおいて仏教は国家の保護の対象であり、信教の自由を保障しつつも「仏教は国教である」と定められている[11]。さらに「民族、宗教、国王」を国家の標語として掲げている。この「宗教」とは事実上、仏教を指している。そして、政府機関である宗教省が仏教を含めた全ての宗教を対象に活動を行うが、その主な目的は仏教寺院や僧侶の活動を管理することにある。表3のように、宗教省の傘下には州宗教局と郡宗教局があり、宗教省と各寺院との連絡係になっている。このように、国家行政とサンガはパラレルに組織されており、仏教は非常に重要な位置づけにある。しかしながら、仏教はこれまで安定した地位を保持してきたわけではない。本項ではカンボジア仏教の変遷を概観する。

カンボジアは上座仏教を受容後、一四世紀初頭にはクメールの王たちが上座仏教に対して物質的保護や支援をしていた［石井　一九八〇：一七］。その後、一五世紀を境として勢力が衰え、タイの政治的支配と同時に文化的影響を受けることとなった［石井　一九九六：一三〇］。一九世紀に入ると、カンボジア人の比丘二名がシャム（現在のタイ）から帰国してトアンマユット派[12]が導入され、これまでカンボジアに存在した伝統的な実践を行う一派が「マハーニカーイ派」という名称の元に統一された［笹川　二〇〇九：四―六］。したがって、カンボジアには二つの宗派が存在している。トアンマユット派は少数だが、王族の庇護のもとでトアンマユット派の勢力は強く、仏教界においてその勢力はマハーニカーイ派と拮抗している［石井　一九九六：一三一］。

カンボジアはタイやベトナムの支配から逃れるため、一九世紀半ばにフランスの保護領となる道を選ぶ。それまでカンボジアの僧侶はタイ文化の影響下にあり、高度なパーリ語教育を受けるためにシャムの寺院に留学することが常態化していた［笹川 二〇〇九：四］。そのため、フランスはカンボジアからタイ仏教の影響を排除するために僧籍証の交付やパーリ語学校の設立、王立図書館と仏教研究所の設立、カンボジア版パーリ経典の刊行を実施していく［笹川 二〇〇九：八―一二］。このように、植民地時代にはさまざまな改革が推し進められ、カンボジア仏教の制度の確立はフランスによってもたらされたという側面がある。

一九五三年にフランスからの完全独立を果たした後、シハヌーク国王（後に国家元首に就任）は冷戦下の政治的立場として中立政策を堅持し、「仏教社会主義」を掲げて仏教を政治理念の中核においた［石井 一九九六：一三三］。一九七〇年、シハヌークの外遊中に首相兼国防相のロン・ノルが率いたクーデターによって、親米派のロン・ノル政権が発足した。以降、カンボジアは内戦へと突入し、寺院の破壊が始まった。アメリカから支援を受けていたロン・ノル政権下では、ベトナム戦争の影響により、北ベトナム勢力の排除を目的として大量の爆弾がカンボジアに投下された。ヤン・サム［Yang Sam 1987: 58］が用いた宗教省のデータによると、一九七〇年から一九七三年の間に、九九七（一九七〇年に存在した寺院数の三分の一）の寺院が破壊され、その中でも一九七二年が最も被害が大きく、六九六の寺院が破壊されている。スヴァーイリエン州はベトナム国境沿いに位置するため、米軍の爆撃により一九七〇年代から寺院の破壊が始まっており、多くの僧侶が還俗したとされる。その後も、仏教は破壊への一途をたどることになる。

一九七五年四月から一九七九年一月にかけての通称ポル・ポト政権（民主カンプチア政権）は、極端な共産主義政策を実施し、大虐殺を行って大多数の国民を死に追いやった。ポル・ポト政権は既存の社会制度や伝統、文化、価値観を否定して共産主義思想に基づく全く新しい国家を建設しようとした。都市住民を農村に強制的に移住させ、近代医療制度や貨幣制度を廃止し、資産の所有を認めず、旧ロン・ノル政権の兵士、役人、医師、教師を殺害した。移動、居住、食事、服装、結婚、仕事などの生活のあらゆる側面に関して選択の自由がなく、人びとはオンカーと呼ばれる政権の末端組織に従うしか生存の方法がなかった。結果として、殺害や粛清、過酷な労働、栄養失調、病気などのために三年八ヶ月の間に当時の人口が約七〇〇万人といわれる中で一五〇万人以上の大量の死者が生じた。そして仏教は、他の宗教と同様に制度と実践の両面において消滅した。

一九七六年一月五日発布の民主カンプチア憲法第二〇条では、「全てのカンプチア市民は、いずれかの宗教を信仰する、またはいずれかの宗教を信仰しない権利を有する。民主カンプチア政権およびカンプチア人民に有害な反動的な宗教は堅く禁止する」と定められた［Jenner 1995: 87-88］。パーリ経典は焼き払われるか川に投げ捨てられ、労働をせず乞食（こつじき）に生きる僧侶は、「役に立たない寄生虫で……人民の血を吸って生きるヒル」［Keyes 1994: 56］と見なされ、強制還俗させられるか殺害された。カンボジア仏教研究者のハリス［Harris 2005: 178］によると、僧侶への迫害は、以下の方法で行われた。まず、サンガの役職に従事する高僧[13]や旧ロン・ノル政権と親しい僧侶が直ちに処刑され、次に都市部に住んでいた「新しい僧侶」が一九七五年七月までに還俗させられた。その数ヶ月後には農村地域に住んでいた「基幹僧侶」が還俗させられ、最終的に仏教の制度が完全に消滅したとされる。

仏教儀礼の開催などのあらゆる宗教活動が禁止された。そして、一九七六年のはじめには仏教儀礼や仏教の社会での役割は強制的に消滅させられた[14]［Chantou Boua 1991: 235］。僧侶がいなくなっても経文を朗誦し続ける人びとに対して、オンカーはこれも禁ずる処置を出した［ポンショー 二〇〇三：一九二］。それに対して「心の中で経文の朗誦をしていた」という語りもよく聞かれる。寺院は食糧倉庫、処刑場、刑務所、病院、オンカーの事務所などの仏教以外の目的のために使用されるか、放置されて荒廃していった。墓や仏像は粉々にされ、「一体の仏像を粉砕すれば一袋のセメントが得られる」というスローガンが掲げられ、再利用された［Locard 1996: 152］。K区では仏像を破壊する役割を担った男性に対して、現在も人びとから「仏像を破壊するのはブッダを殺害することと同じ罪だ。死後は必ず地獄に落ちる」とささやかれている。一方で、高齢になったその男性は「罪を洗うため」として、寺院に住まいながら八戒を守っている。当時の記憶は未だ人びとの心に焼き付いており、生き残った人びとにも心身ともに深い傷を与えている。このように壊滅状態となった仏教であったが、一九七八年一二月のベトナムの侵攻とポル・ポト政権の崩壊と同時に再生への道を歩むことになった。

ベトナムの支援の下でカンプチア人民共和国政府が設立されたものの、逃走したポル・ポト軍との戦いは続き、内戦は継続した。そのような状況下でサンガの復興は新政府主導で進められた。まず、一九七九年九月にチア・シム氏(当時、内務大臣)の主導の下、プノンペンのウナロム寺にて政府公認得度式が行われた[Harris 2007: 188]。ベトナム上座仏教中央委員会のアドバイザーが率いる代表団[15]の下、ポル・ポト政権以前に二〇年から六〇年の法臘(出家年数)がある僧侶七人(現在のマハーニカーイ派の大管僧長のテップ・ヴォン師含む)が政府の選出によって再得度した[16][Yang Sam 1987: 80]。その後、各地に授戒師が派遣され、得度式が行われていった。しかし、政府は宗派の区別を設けず、五〇歳以上の男子に限って出家を認めている。出家行動の年齢制限が撤廃されたのは、政権が社会主義を放棄して体制移行にのりだした一九八九年である[小林 二〇〇六:五三七]。さらにトアンマユット派、マハーニカーイ派から構成されるサンガ機構が復活したのはシハヌークが帰還した一九九一年であった[小林 二〇〇六:五三七]。

しかし政府公認得度式よりも前に、授戒師不在のまま仏像を前に得度式を行い、のちに無効とされた事例が各地で報告されている[林 一九九八:一八四―一八六、Harris 2007: 186-188]。スヴァーイリエン州では、カンプチアクラオムと呼ばれるベトナムのメコンデルタ地域から授戒師を招聘して、律の上でも「正式な出家」をしたにもかかわらず、後で無効とされ、州僧長の下で再得度させられたという話をよく耳にした。このことは政府がサンガをコントロールし、律よりも政府が優位にあったことを示している。他方で、ベトナムから招聘した授戒師の下での得度を無効とされ、再得度を促されるもそれを無視し、隣のプレイヴェーン州で出家に関する書類を得たという僧侶も存在する[17]。さらに年齢制限の撤廃以前に、五〇歳以下でも比丘や沙弥として出家した僧侶が多数存在する。このように上からのコントロールに抗い、自らのやり方を貫いた僧侶もいる。

政府のコントロールは出家に関する制限以外に資金面にも及んでいる。林［一九九八：一七二］によると、政府は一九九三年まで寺院の布施の二割以上を軍備や社会復興のために供出するように義務付けていたとされる。この性格は基本的には変わっておらず、現在も寺院が政府に提供しなければならない資金がある。このことについて、「政府は何も寺院を支援していない。寺院が政府を支援しているのだ」と述べている僧侶がおり、他でも同様の意見をしばしば耳にした。このようにカンボジアでは、資金面で寺院が政府を支援しているという構造がうかがえる。

政府主導のサンガの復興に対して農村地域の人びとはどのように寺院を再建したのか。農村地域では内戦という混乱期にありながらも人びとの自発的な行為により寺院の再建が行われてきた。K寺周辺地域での聞き取りによると、人びとは生活の立て直しを行った後、元僧侶と地域住民の有志三人が中心となって地域住民に呼びかけ、寺院の再建を行ったとされる。一九八〇年三月、村落内の空き家を寺院内へ移動させて庫裏を準備し、一九八一年五月にプレイヴェーン州から僧侶を招聘した。大規模な再建が開始されたのは一九九〇年代に入ってからであり、講堂や新たな庫裏も相次いで建設された。このように農村地域の寺院の復興は地域住民らの共同作業によって行われている。

以上のように、カンボジアの仏教は伝来以来、国家の盛衰や人びとの生活の浮沈と共にあった。ポル・ポト政権下において仏教は完全に崩壊させられたにもかかわらず、今日、寺院数や僧侶数などの量的側面ではカンボジアの仏教は復興を遂げている。政府による制限された形でのサンガの再生という「上からの復興」と、人びとの共同作業による寺院再建という「下からの復興」という二つのベクトルが働き、カンボジア仏教が復興している。しかし、いち早くベトナムから授戒師を招聘して出家した僧侶や年齢制限に従わずに出家した僧侶が多数存在し、それらがサンガの再生に大きく貢献したこと、地域住民が自発的に寺院を再建させてきたことからは、仏教の再生と復興はローカルな人びとの力によるものが大きいことがわかる。

## 3　行為としてのカンボジア仏教

生けるものはみな死ぬであろう
命は死を終わりとするゆえ
業に従い行くであろう
善と悪の果報を受けて

悪しき業の者は地獄を
また善き業の者は善趣を

それゆえ善を行うがよい
未来のために蓄積を
もろもろの功徳はあの世における
生けるものらの依拠となる

相応部、祖母経（ayyikā-sutta）［片山訳　二〇一一：三七〇］

ブッダが説くように、仏教では未来のために功徳を積むことは非常に重要である。功徳を積むこと、すなわち善行をなすことはクメール語で「トゥヴーボン（ធ្វើបុណ្យ）」という。この「トゥヴー（ធ្វើ）」は「する、作る」を意味し、ボン（បុណ្យ）は「善、功徳、儀礼、祭」を意味する。文脈によっては「トゥヴーボン（ធ្វើបុណ្យ）」は、儀礼を行うという意味でも使用される。このように、「功徳を積む」と「儀礼を行う」はどちらもクメール語で「トゥヴーボン」といい、儀礼を主催することは功徳を積むことでもある。

仏教を実践する人びとの関心は、現在と未来の幸福にある。在俗信徒にとっても、大部分を一時出家者が占めるサンガにとっても「涅槃への到達」という教理上の最終目標は一般的なものではない。その関心は輪廻的生存を超克することよりも、秩序の中における相対的地位の上昇へと向けられている〔石井　一九七五：三二〕。一部の人びとを除いて、僧侶を含めた大多数の人びとが功徳を積むことで希求するのは、「お金持ちになりたい」「健康で長生きしたい」「美しくなりたい」といった目前の具体的な幸福である。

それでは、幸福はどのように得られるのだろうか。仏教において現在の境遇は、過去の行為によって決定されると考えられている。つまり現在の幸福は過去の善行によるもの、不幸は過去の悪行によるものであるとする。例えば、K寺の寺委員会で活動するスレイさんは増支部経典に次のような話があることを教えてくれた。

あるとき、世尊はサーヴァッティの近くにあるジェータ林のアナータピンディカ僧院におられた。マッリカー王妃は世尊に近づいて礼拝し、傍らに座って尋ねた。

なぜこの世には容色が悪く、容姿が悪く、非常に邪悪に見えて、そして貧しく、資財も少なく、財産も少なく、地位が低い女性がいるのでしょうか。

なぜこの世には容色が悪く、容姿が悪く、非常に邪悪に見えるけれど、裕福で、資財が多く、財産も多くあり、地位が高い女性がいるのでしょうか。
なぜこの世には容姿が良く、見た目が良く、清く澄んで、最も優れた容色と容姿の美しさが備わっているけれど、貧しく、資財も少なく、財産も少なく、地位が低い女性がいるのでしょうか。
なぜこの世には容姿が良く、見た目が良く、清く澄んで、最も優れた容色と容姿の美しさが備わっており、裕福で、資財が多く、財産も多くあり、地位が高い女性がいるのでしょうか。

増支部、マッリカー経（Mallikā-sutta）［仏教研究所　一九九四：一五三―一六〇］

このマッリカー王妃の問いに対してブッダは、怒りが多く、苦悩に満ち、ほんの少し言われただけで、怒って危害を加えようとし、他人の言うことに耳を貸さず、怒りと瞋恚（しんに）（強い怒り）、不満を示す女性は死して人間に再生しても醜いのだと説く。そして、食べ物、飲み物、衣服、乗り物、花飾り、香料、化粧品、寝具、住居、灯りを出家修行者に施さない女性は人間に再生しても貧しく、嫉妬心をもち、他者が得る利益、尊敬、尊重、礼拝、崇拝を妬み、悪意をもち、嫉妬をする女性は人間に再生しても地位が低いという。反対に、美しさ、豊かさ、地位の高さというのは怒りのなさや布施、妬みのない心によるものだと説いている。このような因果関係について、カンボジアの国定教科書の中では次のような説明がある。

「一般的に、クメールの国民がいつも忘れずにいることは、「善因善果（トゥヴーボンバーンボン／ធ្វើបុណ្យបានបុណ្យ）、悪因悪果（トゥヴーバープバーンバープ／ធ្វើបាបបានបាប）」であり、これは、善行（トゥヴールオー／ធ្វើល្អ）を為せば善い（ルオー／ល្អ）結果を得て、悪行（トゥヴーアークロッ／ធ្វើអាក្រក់）を為せば悪い（アークロッ

／ផលវិបាក）結果を得るという意味である。このように仏法の道は、人を教育して善い道に向かって進ませる……」。

『社会科九年生』〔教育・青少年・スポーツ省　二〇一二：一七四〕より

このように公教育でも因果応報的なカルマの観念が説かれており、悪行を抑止し、社会秩序を維持する上でも仏教は重要な役割を担っている。仏教では十種の悪行（カンマボットドップ）があるとされる。その十種とは、身体による三つの悪行（殺生／与えられていないものを取ること／不道徳な性行為）、言葉による四つの悪行（嘘をつくこと／仲違いさせるように中傷すること／人を傷つける言葉を口にすること／無益な話をすること）、心による三つの悪行（欲をもつこと／怒りをもつこと／誤った見解をもつこと）[18]があり、これらを行うと四悪趣（修羅界／餓鬼界／畜生界／地獄界）に落ちる可能性があるといわれている。もしも、ひとたび四悪趣に落ちてしまうと人間に再生することは非常に難しい[19]。そのため、できるだけ悪行を避け、四悪趣の上に位置する天上界ないし人間界に再生することが望ましい。仏教は現在の状況がどうであれ、富めるものも貧しい者も老若男女誰もが功徳を積むことで必ず善い結果が得られることを説いている。そして功徳を積めば積むほど、過去の悪行の結果が実を結ぶことが難しくなるという。誰もが自らの行為によってより望ましい方向へと未来を変えることができるのである。

功徳を得るための行為、すなわち積徳行は、クメール語で「ティエン（布施）」、「サル（戒）」、「ピィアヴェアニア（瞑想修行）」と呼ばれる三種がある。まず布施が土台となるものであり、戒を保持して瞑想を行う。後者になるほど実践することが難しく、ゆえに功徳が大きいとされる。戒の保持は、クメール語で「戒をもつ」という意味の「カンサル」ないし「リャサーサル」といい、日本語の「持戒」と同様に表現される。つまりクメール語でも日本語でも文字のごとく、身体をもって実践するものである。農村で暮らす人びとにとって、戒を守ることは非常に難しい。

田や池の魚を捕り、鶏や豚などの家畜を飼育し、と殺や売買を行うため、戒を守ることは日常の生活を困難にする。そのため、持戒する人びとの多くは老年期に入った者で、家畜の飼育などの戒を犯す生業から退いている。その多くは女性であり、中には剃髪する者もいる。そうした戒を保持する人びとは、月に四回訪れる布薩日（クメール語を直訳すると「戒の日」）に寺院に参詣して五戒または八戒を受戒する。人びとは五戒、そして八戒の順番で受戒する。八戒の受戒の際はパーリ語に続けて次のようなクメール語の言葉で締めくくられる。

「私は無上の正等覚者（しょうとうがくしゃ）（誰の助けも借りずに悟りを得た者でブッダの意）の説かれた優婆塞戒である八つの項目を昼も夜もいつでも適切に守ります。功徳が涅槃を明確にする果となり、将来、前に向かって進んでいけますように」

調査寺院のK寺では八戒を保持する者は一〇人にも満たないが、その声は講堂の中で大きく鮮明に響いていた。「戒の日」は自らの戒の保持を周囲に知らせるという誓いの場でもあった。こうした八戒を守る人びとに対して参集者は布施することもあり、尊敬の対象になっていた。

戒を保持するほかに瞑想修行も積徳行の一つであるが、実践者は非常に少数であった。戒を保持せず、瞑想修行を行わない大多数の人びとの実践の中心は布施である。一般の人びとが功徳を積むこと（トゥヴーボン）として最初に思いつくのも布施である。寺院建設のためや僧侶への布施が多いが、その他にも自らがもつ知識や力、物品を他者と分かち合う行為も含まれる。布施は誰もができる最も身近な実践である。

その中でも、仏教儀礼の主催や参加による布施が最も多く行われていた。カンボジアの年中行事のほとんどが寺院を舞台に行われ、農村地域の人びとの暮らしのリズムは農作業と仏教儀礼と共にある。主な仏教儀礼は表4の通りである。四月からはじまるカンボジア暦の中で最初に開催されるのがクメール正月である（写真1）。毎年四月中

表4　寺院や自宅で開催される主な仏教儀礼

| | 開催期間 | 主催者の有無 | 寺院での開催 |
|---|---|---|---|
| 定期開催 | | | |
| クメール正月 | 4月 | × | ○ |
| ヴィサカボーチア（ブッダの誕生、成道、入滅を記念） | 5月 | × | ○ |
| 入安居 | 7-8月 | × | ○ |
| プチュムバン祭（餓鬼や祖先の供養） | 9-10月 | × | ○ |
| 出安居 | 10月 | × | ○ |
| カタン祭（カチナ衣を布施する儀礼） | 10-11月 | ○ | ○ |
| ソンペァプレァカエ（月を拝む日） | 11月 | × | ○ |
| ミアックボーチア（万仏節） | 2月 | × | ○ |
| 不定期開催 | | | |
| プカー祭（資金を集めるための儀礼） | 不定期 | ○ | ○ |
| パチャイブオン儀礼（僧侶に衣・食・住・薬の4種の供物を布施する儀礼） | 不定期 | ○ | × |
| サンガティエン儀礼（僧侶に布施する儀礼） | 不定期 | ○ | × |
| ラウンプッテア儀礼（新築儀礼） | 不定期 | ○ | × |
| チョムラウンプレァチュン儀礼（長寿を祈念する儀礼） | 不定期 | ○ | ○（対象が僧侶の場合） |
| タキャナノプティエン儀礼（追善供養） | 不定期 | ○ | × |
| サンガハットア（仏法による救済） | 不定期 | ○ | × |

旬の三日間をかけて行われる。首都や他州に働きに出ている家族も帰村して家族や親族と一緒に新年を祝い、盛装して寺院に参詣する。老若男女が寺院に集まり、一年の中で寺院が最も賑やかになる時期である。

その約一ヶ月後の五月に開催されるのがヴィサカボーチアであり、一般にウェーサーカ祭と呼ばれるブッダの誕生、成道、入滅を記念する日である。これは二月に開催されるミアックボーチア（万仏節）と同様に仏教徒にとって非常に重要な日である。K寺では、儀礼前夜に寺院に参集して経文を朗誦し、当日は州内から一〇〇人近い僧侶を招聘し、境内で托鉢が行われた。人びとはおかずやご飯、お菓子を小分けしたもの、小額紙幣の束を大量に準備し、僧侶に布施していた（写真2）。

雨期に入ってしばらくすると雨安居（うあんご）の開始を祝う入安居の儀礼が行われた。雨安居と呼ばれる約三ヶ月間は、僧侶は長期の外出が禁止され、寺院で仏教の勉強や瞑想などの修行に専念する期間である。入安居が近づくと米やプロホックと呼ばれる魚を発酵させたもの、

写真1　クメール正月に天人と先祖への供物を準備して着座する家族。

写真2　ヴィサカボーチアの日に行われた托鉢の様子。

写真3　プチュムバン祭にて参集者で賑わうK寺の講堂。

飲料水やジュース、栄養ドリンクなどの飲料、タオルやサンダル、歯ブラシなどの生活用品や雨安居用の巨大なロウソクを布施する人びとが寺院に参集した。九月から一〇月にはプチュムバン祭と呼ばれる餓鬼や祖先供養の儀礼が行われる（写真3）。一五日間にわたって開催され、正月と同様に三日間が国民の休日となる最大の祭である。人びとは故郷に戻って家族や親族と過ごし、寺院を訪れる。プチュムバン祭ではできるだけ多くの寺院を訪れることが望ましいとされる。一五日の間、寺院周辺の地域では村ごとに交代で寺院に参詣し、最終日は合同で儀礼を開催していた。プチュムバン祭の日、スヴァーイリエン州で人気のある「仏教と社会」というラジオ番組では、州都の寺院の住職によって次のような法話が説かれていた。「プチュムバン祭があるのはカンボジアだけだ。しかし、間違っているのではでない。餓鬼（プラエッ）を見ることはできないが、餓鬼はこちらを見ることができる。そして餓鬼は寺の前に立ち、孫や親族が来るのをずっと待っている。来なければ別の寺に行ってみて、来なければまた別の寺に行ってみる。七つの寺に行ってみて、孫や親族が来たら喜ぶし来なければ泣く。大事なのは僧侶に布施をして、成果（功徳の意）を回向することであり、餓鬼、先祖、親戚、名前を覚えている死者に回向することである」。このように、プチュムバン祭では死者への回向が重要となっている。ブッダは、長い時間にわたって亡くなった親族が誰も餓鬼界にいないということはありえないと説いている（増支部）［高楠監修　二〇〇三：二一八］。つまり、死者のほとんどが餓鬼界に落ちているという。よって餓鬼を供養することは先祖供養でもある。カンボジアでは伝統的に「バーイバン」と呼ばれるモチ米を丸めたものを投げる儀礼が供養のために行われていた。夜明け前に布薩堂の周りを三周しながらモチ米を丸めたものを地面に放り投げて餓鬼に施した。しかし、近年では参加者のほとんどが若者であり、若者同士でモチ米を投げつけ合うことが問題になっていた。敬虔な信徒らは「僧侶に布施をしてはじめて餓鬼に届くのだ」「そんなことをしても動物が食べるだけで功徳は少ししか得られない」と批判して参加しないという錯綜した状況が見られる。これは「仏教」と「仏教ではないもの」を区別して、後者を「バラモン教」や「誤った見解（マチャータテッ）」であるとして排除しようとする動きと軌を一にしていた[20]。

プチュムバン祭が終わって間もなくすると、雨安居の終了を告げる出安居の儀礼が行われる。その翌日からは約一ヶ月はカタン祭の開催期間となる（写真4）。カタン祭はカチナ衣という僧衣の布施を目的とする儀礼であるが、実際には寺院内外のインフラの建設のために開催されることが多い。建設を目的とする場合は多額の資金を要するため、開催が決定すると地域の人びとは地域外の人びとに布施を呼びかけることが一般的である。政府高官がカタン祭の主催者となり、多額の布施を行うことも珍しくない。しかしその場合は、積徳以外の政治的な意図が含まれていることがあった。このように仏教儀礼は、参加する地域内外の人びとのそれぞれの重層的な意図を内包しながら開催されていく。カタン祭の最終日は「月を拝む」という名の儀礼が開催される日であり、夜になると寺院に参

写真4　カタン祭でおどけた人形や楽隊に率いられる施主の一行。

集してバナナの幹にロウソクを立てて回転させながら、ロウの垂れ具合や下に敷いたバナナの葉に滴り落ちたロウの状態によって翌年の降雨量と稲の豊凶を占っていた。

そして、その後しばらく年中行事が途切れるが、それは稲刈りで人びとが多忙を極める時期と重なっている。収穫が終わって農閑期に入った二月にミアックボーチア（万仏節）と呼ばれる、「満月の日に、悟りの境地を得た一二五〇人のブッダの弟子が偶然一同に会し、ブッダが入滅の日を知らせた」という出来事を祝う儀礼が行われる。また、不定期に開催されるプカー祭と呼ばれる資金を集めるための儀礼も二月に行われることが多い。また仏教儀礼ではないが、二月は中国人の祖先をもつと伝えられている世帯が中華正月を祝う時期でもある。

このような年中行事化した仏教儀礼では、寺院の信徒たちが集まり、他の寺院の仏教儀礼に共同で参加することも頻繁に行われる。特に大きなカタン祭やプカー祭では寺院同士で協力し合い、参加を呼びかけ合うため、信徒が共同で参加することが多い。スヴァーイリエン州では州僧長が高齢で病気がちであったため、「長寿を祈念する儀礼」が頻繁に開催され、州内の各寺院の信徒たちが共同で参加していた。遠方の仏教儀礼に参加することは、人びとにとって特別なことであった。K寺でもよく遠方に出かけた。乗車定員を大幅に超えた車内でぎゅうぎゅう詰めになりながらも普段とは異なる風景を眺め、人びとは楽しそうに世間話や思い出話に花を咲かせていた。滅多に乗ることのない車に乗って遠方の仏教儀礼に参加することは、人びとにとって娯楽の一つでもあった（写真5）。

以上のような寺院で開催される仏教儀礼以外に、世帯毎に行われる仏教儀礼も一年を通して非常に数多い。時期によっては毎日のように村のいたるところで開催される。仏教儀礼が開催される際には、儀礼アチャーと呼ばれる祭司の呼びかけや読経、音楽などが拡声器を通して大音量で流され、非常に賑やかになる。近隣住民は拡声器を通して流れる情報から、どこで何の儀礼が開催されているのかを知ることができた。

個人で儀礼を主催する場合、主催者は招待状をもって家々を訪問する。そして主催者は参集者に食事をふるまい、参加してくれたことに謝意を述べてもてなす（写真6）。通常、仏教儀礼は一人では開催できず、参加者による金銭的な「助け」を必要とする。仏教儀礼を開催するための費用は少なくない。例えば参集者への食事の提供、寺院や僧侶への金品の布施、儀礼アチャーへの謝礼、テーブルや椅子、食器、テントや拡声器の賃料などがある。そのため仏教儀礼に参加することは、積徳行であるとともに互助的な要素を含んでいた。実際に、当日に参加できなければ知人に金品を預けるか、その前後の日に主催者にわたすことが一般的であった。このように仏教儀礼は、大勢の他者との関わりの中で開催されていく。

写真5　寺院で購入した遺体搬送車に乗って他州のカタン祭に参加するK寺の信徒。遺体搬送車も移動用に使用する。

写真6　仏教儀礼に参加し、終了後に主催者の食事のもてなしに返礼の経文を朗誦する人びと。

さらに、その「他者」とは、生者だけではなく死者などの不可視の者も含まれている。例えば仏教儀礼では、寺院アチャーがテーワダー（ទេវតា）や土地と水の主（ម្ចាស់ទឹកម្ចាស់ដី）と呼ばれる天界にいる天人（神々）、祖先であるドー

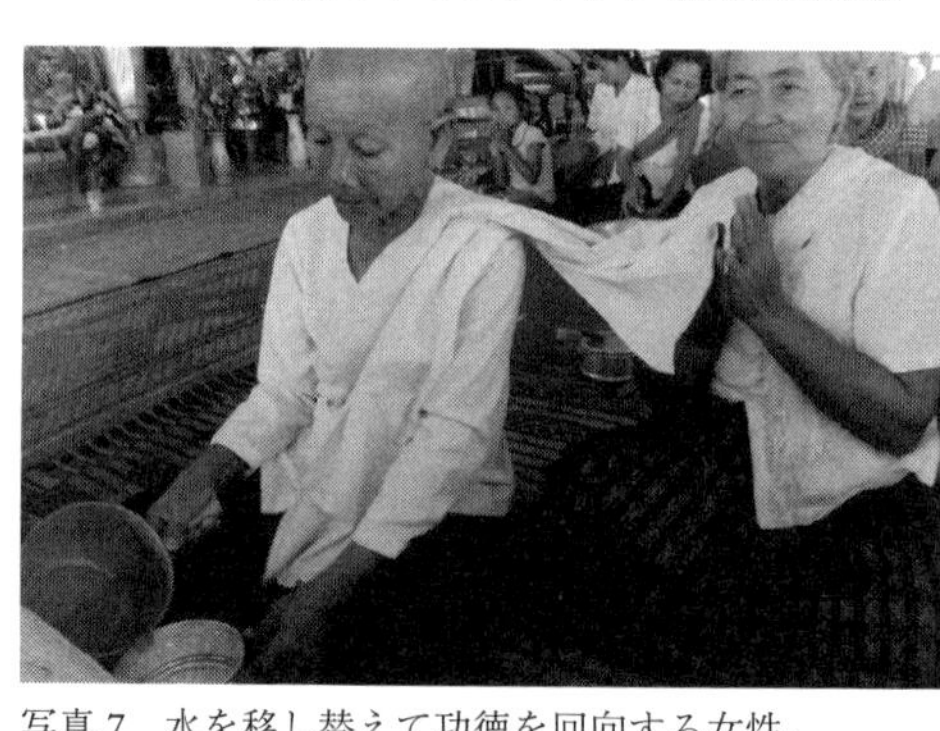

写真７　水を移し替えて功徳を回向する女性。

ンター（ដូនតា）、バロマイ[21]（បារមី）と呼ばれる不可視の存在に対して、「どうぞこちらにいらして一緒に儀礼に参加してください」と呼びかけている。また各世帯で行われる仏教儀礼では祖先（ドーンター）へ供物を捧げることは欠かせない。大規模な儀礼を実施する際には、クロンピリィ（ក្រុងពាលី）と呼ばれる土地の主に対する供物を捧げる儀礼も行われる。それによって儀礼が成功するように守られるという。そして、どの仏教儀礼も必ず最後に回向文を朗誦しながら水を別の皿へと移し替えることで終了する（写真７）。回向文は儀礼の最後に必ず朗誦されるもので、積んだ功徳は先祖や縁者へ回向される。水は功徳に喩えられており、水を別の容器へ移し替えることは死者への回向を意味していた。その後、移し替えられた「水＝功徳」は大地へと注がれる。この行為について、「自分が功徳を積んだことを地母神のニアンコーンヒン[22]（នាងគង្ហីង）に知らせて証人になってもらうため。人は何度も生死を繰り返すが、ニアンコーンヒンは人間よりも寿命が長いので私たちが積んだ功徳を覚えていてくれる」と寺委員会のスレイさんは述べていた。そして、回向文は「ヤンケン」と呼ばれるパーリ語の経文が最後に朗誦される。「ヤンケン」の前に朗誦される回向文もあり、K寺では次のようなクメール語の経文がたびたび朗誦されていた。

「……成果（功徳の意）を、両親、師、親族、七世代の先祖へ送ります
先祖が異なる境界（きょうがい）のどこにいても
輝かしい功徳を送ります

健康で安楽でありますように
苦しみのない場所にたどりつきますように
私は真実の言葉で願望を述べます
引き続き前に進んで行けるように
勇敢で清く聡明な智慧がありますように
苦しみから抜け出して、涅槃にたどり着きますように」

このように、仏教儀礼は生者だけではなく死者を含めた見えない他者との関わり合いの中で成立する。個人の積徳行を基礎としながらも、相互扶助や功徳の共有が行われている。仏教儀礼は行為者である個人を起点として、天人、先祖、縁者、地域の人びとといった他者との関わり合いの中で行われており、可視／不可視の双方の世界をつなぐという広がりをもった行為となっている。

## 二　人びとの経験と功徳の実践

### 1　功徳の諸特性

「私は無上である仏・法・僧に捧げます
ろうそくと線香をはじめとする全ての供物を
母と父をはじめとする恩のある全ての人びと、そして私が

繁栄するように
ご利益のために
幸福のために
そして、それが末永く続きますように」

多くの仏教儀礼ではこのクメール語の経文の朗誦からはじまる。このように、繁栄やご利益、幸福のために仏・法・僧に供物を捧げるのだと経文の中で最初に宣言されている。人びとは幸福のために功徳を積むのである。その背景には、行為と結果を結びつけるカルマの思想が横たわっている。桜部［一九七四：九四］によると、カルマは二つの原則をもつ。第一に、善行が好ましい報いを生み、悪行が好ましくない報いを生むという「業果の必然性」であり、第二に、その報いは一つの行為主体に限られているという「自業自得性」である。ゆえに、自らの行為に応じた結果が行為者のみに生じる。ミャンマーで調査を行ったスパイロは、「カルマは宿命でも運でもない。つまり、それはむしろ個人が今生を含めた全ての生において獲得した功徳と悪行の収支である」と言及している［Spiro 1966: 1167］。しかし、長い輪廻の中で自分がどのくらい善行や悪行を行っているのかを知る術もない。将来どうなるのか、死後はどこに転生するのかという不安や不確実性が人びとを功徳の獲得へと駆り立てる。そのため功徳は行為者をよりよき未来へと導く「救済財」として語られる。このように、「業果の必然性」「自業自得性」をもつカルマの思想と「救済財」としての功徳は表裏一体の関係にある。

「功徳」を意味するクメール語は二種類ある。まず、サンスクリット語の「punya」やパーリ語の「puñña」に由来する「ボン（K: bon / បុណ្យ）」、そして「コソル（K: kosol / កុសល）」という単語が用いられる。コソルはパーリ語の「P: kusala」に由来する「善行、善徳、功徳、功徳となる行い」を意味し、「善い、徳のある」という形容詞としても用いられる［坂

本　二〇〇二〕。日常においては「ボン」を用いることが多く、「コソル」は天人や死者への回向の際、「ボン・コソル」というように「ボン」とともに使用されていた。教理上では善なるものが「コソル」であり、「コソル」よって蓄積される福徳が「ボン」であるが、カンボジアではおおよそ同義として用いられており、幅広い意味をもっている。

つづいて、功徳の諸特性をあげると、⑴不可知性、⑵共有性、⑶具体性の三点がある。

まず、⑴不可知性というのは、功徳は見えないために善行をなしても、どれだけ得られたかがわからないという点である。善行によって得られる功徳の多寡は重層的に決定する。例えば布施の場合、金額の多寡は重要ではあるが、それだけでは功徳の多寡は決定されることはない。行為者がどれくらい善なる心で行ったのかということが重要であった。さらに布施の対象が僧侶、持戒者、戒を保持していない人、動物という区分によって得られる功徳が異なるとされていた。後者になるほど功徳が小さいという。さらに、同じ区分でも戒や律をきちんと保持し、修行をよく積んでいる者に布施した方がより功徳が得られるといわれていた。善行の対象は福田（スラエボン）といい、文字通り功徳という結果を生む田んぼである。寺委員会のスレイさんは、「ブッダの時代は、功徳を積めばすぐに結果が得られた。今は田んぼ（スラエ）がよくない。私たちは智慧（パンニャー）をもって、田んぼを選んで功徳を積まなければいけない」と述べていた。結果として、金銭の多寡、善行の対象、心の状態などを複合的に考慮しながら功徳の量を推し量るしかなかった。

そして、⑵共有性とは、功徳は他者と共有できるということである。功徳を積む行為と功徳を他者と共有する行為は常に対となっていた。功徳を共有するためには、①経文や言葉によって回向を宣言する方法、②水を別の入れ物へ移し替える方法、③対象者に対面で言葉によって回向する方法がある。死者には①と②の方法が、生者へは主に③の方法が行われていた。③では、善行を為した後に、「私はこのような善行をしました。この功徳を送ります」と直接述べ、受けとる者は「善きかな（サートゥ）」と三回述べて随喜する。他者の善行を自分のことのように歓喜することで受けとる者に功徳が生まれる。「相手に知らせなかったら、功徳はどこに行っていいのか分からない」といわれており、送る側／受けとる側の対話が必要となる。そして死者の場合は、餓鬼界の一部の者にしか回向できないとされる。しかし、たとえそうであっても回向すること自体が重要であると説明されていた。なぜなら前述のように餓鬼界に落ちる者が非常に多いこと、そして回向によって行為者の功徳がさらに増幅するからである。餓鬼が困っていても食べ物や衣服などを直接与えることができないため、僧侶や持戒者などに布施し、功徳を餓鬼に回向しなければならない。パーリ経典の『餓鬼事経』には哀れな餓鬼が回向によって救われ、すぐに天界に再生する話がよく登場する。[23] それらの話は、回向が非常に重要であることを教えてくれる。

功徳はロウソクの炎に喩えられる。「功徳は人に与えても減ることはない。一本のろうそくから他のろうそくに火を灯すように、人に功徳を与えることで自分の功徳が増えるのだ」と説明されていた。このように功徳を共有することは、①回向する行為者の功徳の増大のため、②生者や先祖、縁者などの他者を救済するため、といった二つの目的があり、功徳が「救済財」であることが前提条件となっていた。つまり功徳は、「救済財」であるがゆえに他者と共有されていくという側面がある。

最後に、⑶具体性とは「アニサン（K: anisang / អានិសង្ស）」と呼ばれる、善行に対する具体的な結果が示されることである。「アニサン」は、坂本［二〇〇二］やチュオン・ナート［Chuon Nath 1967］によると「善果、功徳の結果、功徳、ご利益」などを意味し、自らの善行の結果であるとされる。筆者の住み込み先のマンおじいさんはアニサンについて、「功徳はココナッツの木そのもの。アニサンはココナッツの実だ。育てることで実を食べることができる」と述べていた。自分で功徳を育てることによってその果を得ることができるという。例えば、カタン祭でカチナ衣を布施した際のアニサンの一つに「善い容色」というものがある。人びとはそれを「白い肌」と解釈していた。抽象的な功徳の観念の中に現地のコンテクストに応じた現実的な解釈がみられる。このように、抽象的な功徳に具体性を与えるものがアニサンである。

これまで功徳の諸特性を概観してきたが、ひとえに功徳とは多義的であることがわかる。功徳は他者に分け与えることもでき、個人が蓄積する「モノ」のようでもあるし、個人や他者に働きかける「力」のようでもある。林［二〇一五：一九］は「現前しない出来事や存在に働きかけ同時代人を繋ぐ作用をおよぼす点で、功徳は時空間を越える『力』とみなすことができる」と言及している。このように功徳とは静態的なものではなく、その価値や意味が変転していくものとなっている。人びとは状況に応じて、自分を包囲するさまざまな物事や現象に対して功徳を通して解釈し、功徳の運用を行っているといえる。

## 2 「私」の経験と功徳の実践

これまで功徳の観念や諸特性について概観してきた。本項では実際に人びとがどのように功徳を得るための実践をしているのか、またその背景にはどのようなものがあるのかについて言及する。具体的には、K寺の寺委員会で活動するスレイさんとサラットおじいさんの二人の事例について紹介する。

### ①スレイさんの経験と希望

スレイさんはK寺の寺委員会の委員として活動する在家修行者の女性（一九六八年生まれ、四八歳）である。筆者は寺院の手伝いをしていてスレイさんと顔見知りになり、一人で農村にやってきて調査をしていることを哀れみ、調査を手伝ってくれるようになった。そして、どこに行くにも共に行動するようになった。スレイさんが家々をまわって布施を集めにいくのも、筆者が世帯調査のために家々を訪問するのも常に一緒であった。調査中、筆者は住み込み先の家族よりも長い時間をスレイさんと一緒に過ごしたことになる。その中で次のような話をしてくれた。

母は熱心な仏教徒であり、そのことは地域でも有名だった。祖父母は母を学校に行かせなかったが、人が勉強しているのを見て自分で学び、パーリ語もできたと聞いている。母はよく病人の家に呼ばれては経文の朗誦をしていた。記憶力が抜群で経文の朗誦がよくできたからだ。そんな母と小さい頃は一緒に寺院によく行った。昔は、「戒の日」はおばあさんやおじいさんが寺院に泊まっていたものだ。小さい頃からバープ（悪行）が怖く、仏教が大好きだった。ポル・ポト時代に旧政権のロン・ノル軍の兵士だった父と兄を殺害され、母は貧しいながらも一生懸命働いて育ててくれた。母を助けるために高校を中退し、家の仕事を手伝った後、一七歳でシハヌークヴィル州の叔父の家に預けられた。そしてそこで公務員として就職した。一九九一年に好きだと言い寄ってきた男性に求婚されて結婚し、一男二女に恵まれた。しかし、夫は働いたお金を家に全く入れず、酒を飲んでばかりいて、ついには話も聞かなくなった。このまま一緒にいるのはもう限界だと思い、離婚することにした。「これまで全くお金を入れず、もうたくさんだ。カルマはこれで終わりだ。今後どの生に生まれても、もう二度と会わないでくれ」と夫に伝えた。自分が家と土地を所有し、子どもを養育することにした。

幼い子どもたちに父がいないのはかわいそうだと思い、まもなく求婚された男性と再婚した。しかし、二度目の夫も一人目の夫と同じようにパク（酒を飲む）・シー（食う）・レーン（遊ぶ）の男だったためすぐに離婚した。悪い男たちに出会ったのは過去世において自分も同じことをしたからだ。それからは雑貨屋やコーヒー屋をしながら野菜を作って販売し、子ども三人を育てた。そして、スヴァーイリエン州の故郷に戻り、現在は一人で天人を祀るためのコンクリート製の祠を作製し、販売しながら暮らす。子どもたちは家の仕事を手伝わず、家を出て行ってしまった。一番上の息子は貧しい家の娘と結婚して隣村で暮らしている。息子には二歳と最近生まれたばかりの子どもがいるものの、農業をするための土地をもたず、また定職につかないでいる。そして、出て行った二人の娘はプノンペンに住んでおり、ほとんど帰ってこない。娘たちは嘘をついてばかりで何の仕事をしているのかも定かではない。

現在の状況に対してスレイさんは、「私は親の言うことには何でも従ったのに、子どもたちは私の言うことを全く聞かない。家の仕事はたくさんあるし、家族みんなが協力すれば家は繁栄する。けれど子どもたちは家の仕事を手伝わない。子どもはいるけど、まるでいないみたいだ」と語る。そして、「これはカルマであり、受け入れて前に進むしかない。カルマが尽きる（オッカム）のを待つのだ」、「お互いに悪行で苦しめ合ってはいけない（コムカムピィア）」と繰り返し述べていた。この「カルマが尽きる（オッカム）」と「お互いに悪行で苦しめ合ってはいけない（コムカムピィア）」という表現はしばしば耳にする。タイを中心に研究するカイズ［Keyes 1983: 265］は、上座仏教徒の実践においてカルマという用語は他に説明しようもなく、なす術もないので受け入れるしかないという特定の状況に限定されて用いられると指摘している。現在の悪い状況に対して反応して怒りをもつことで、さらに悪いカルマを生じさせてしまうため、受け入れて反応しないことが最善の対処方法であるとされる。

スレイさんは二〇一一年から八戒を保持し、K寺の寺委員会の仕事を手伝い始めた。仏教団体が主催する一時出家プログラムに参加したことがきっかけだった。寺委員会の中でスレイさんは二番目に若いが、八戒を守り、仏教を勉強している最も熱心な在家修行者である。寺院から借りたパーリ経典を読み、毎日瞑想を行い、各地の瞑想コースにも参加する。誘われた仏教儀礼には遠方でも参加する。八戒を保持しているので、「戒の日」の午後は食事をしない。農村での日常生活において戒を保持することは容易ではない。カンボジア人の女性なら誰でも身につけるピアスなどの装飾品をつけたり着飾ったりすることもなく、近所の人びとと酒を飲むこともない。家畜を育てることをやめ、八正道に反しない生業を選んだ。スレイさんは「貧しくても寡婦（メーマイ）であっても見下されたことはない」と言う。実際に、熱心な仏教徒であるスレイさんのことを、地域の人びとは年齢に関係なく「スレイおばあさん」と呼ぶ。そして、スレイさんよりも年上の女性が敬意を込めて「母（マエ）」と呼ぶこともしばしばであった。

一般的に「女性」「貧しい」「寡婦」というカテゴリーは社会の中で弱い立場にあるが、仏教知識や実践はそれらのカテゴリーから解放する力として作用していた。

「私が男だったら出家しているのに。女は大変だ。でも男に生まれ変わることを望むよりも功徳を積み、天界に生まれて未来仏[24]に出会った方がいい。するとすぐに涅槃にたどり着ける。そこでは男女関係なく苦しみもない。男として生まれても涅槃までは遠い。プノンペンに行くのにモンドルキリ州経由で（遠回りをして）行くようなものだ」とスレイさんは言う。仏教では、女性は男性よりも苦しみが多いとされている[25]。つまり女性は男性よりも功徳が少ない。しかし、スレイさんは女性でも努力によって阿羅漢になれるといい、比丘尼サンガの中で精進第一のソーナ長老尼の話をしてくれた。

ブッダの時代にソーナという女性がいた。ソーナにはたくさんの子どもがいたが、成長すると結婚して家を出て行ってしまった。子どもたちが家を出ると、今度は夫が出家するため出て行った。一人になったソーナは、財産を集めて子どもたちに面倒を見てくれるように頼んだ。しかし、しばらくすると子どもたちはソーナを疎んじるようになった。子どもがたくさんいたが、どこに行っても同じだったので、比丘尼として出家することにした。

出家したものの、高齢のソーナは若い比丘尼たちにこき使われた。ソーナは歳をとっており経文を覚えられなかったので、瞑想修行を一心に行うことを決意し、寝る間も惜しんで行った。ある日、比丘尼たちが法話を聞きに行くときに、ソーナにお湯を沸かすように言いつけて出て行った。そして、ソーナはお湯を沸かす準備をしながら瞑想修行をし、ついに阿羅漢になった。自分が阿羅漢になったことを知らずに比丘尼たちがこれまでのような態度をとると悪行を積むことになるので、知らせることが望ましいと考えた。比丘尼たちが戻り、薪を使わずにお湯を沸かしているのを見せると、比丘尼たちはソーナが阿羅漢になったことを知り、これまでのことを詫びた。ブッダは精進において誰よりも優れているとしてソーナ長老尼に精進第一の称号を与えた。

ソーナ長老尼の話は、誰でも精進することで仏教修行の最終目標とされる阿羅漢[26]になれるということを示しており、女性や高齢者に希望をもたらすものである。スレイさんは「女性は苦が多いから修行することで苦を消滅させやすい。しかし、地獄にも落ちやすいから功徳を貯める（トンソンボンコソル）ことが必要だ」と述べた。

人びとは功徳を積む際に、「幸せになるように」「家族みんなが健康であるように」「仕事がうまくいくように」といった何らかの望み（セークダイプラタナー）を述べている。筆者が「スレイさんの望みは何ですか」と尋ねると、「もちろん涅槃だけど、本当のことをいうと望みはない。カルマが全部準備をしているから」と言いながらスレイさんは笑った。過去のカルマが現在の自分をつくっている。そして、未来は現在の自分がつくるという。「現在、十分な功徳を積んでいるからいつ死んでも構わない」と度々述べていた。つまりスレイさんは、功徳をたくさん積んでいるので亡くなったとしても人間界か天界に再生すると確信していた。功徳はスレイさんを実践へと導き、希望を与えるものとして作用している。カルマや功徳の観念は災因の説明になるだけではなく、仏教実践へと導くものとなっている。つまりカルマや功徳の観念は、説明要因であるとともに実践を促す力として作用していた。

②サラットおじいさんの不確実な「生」へ対処する方法

「私の人生はあまりにも哀れだ（コムソット）だ」と語る在家修行者のサラットおじいさん（一九六一年生まれ、五五歳）は、K寺の寺委員会の委員や地域の儀礼アチャーを務めている。スレイさんと同様に戒を保持しているため、地域の人びとからは「サラットおじいさん」と呼ばれている。現在、稲作をしながら、妻と離婚した息子の娘である孫と三人で暮らしている。

サラットおじいさんはK寺の寺委員会の男性の中で最も若い。ヤシの葉で作られた古い家に住んでおり、バイクを所有しておらず、決して裕福ではないが布施を欠かさず熱心に寺院の仕事を手伝っていた。よく冗談を言っては人を笑わせ、知識が豊富で、率直な意見を述べる人だった。一緒にいるときには、次のようなサラットおじいさんの人生の話をよく聞かせてくれた。

自分は愛人の子どもであり、三歳のときに母を病気で亡くした。詳しいことはわからないが、母は病気のため自分で病院に行き、そのまま亡くなったと伝え聞いた。遺体は病院で処分されてしまい遺骨もない。母が亡くなってからは父と正妻、異母姉と実弟の五人で暮らした。そして、ポル・ポト政権崩壊後の一九七九年に父は地域の人びとに殺害され、弟も一九八〇年に病気で亡くなった。

一九八一年の小学校四年生のとき、学校に軍隊がやってきて兵士にさせるために連行された。それから政治学校、銃や鉄の学校で学んでから軍で働いていたがやめた。一九八六年に結婚し、色々なところで雇われて肉体労働をしてきたが、一九九三年にやめて家で野菜を植え始め、雑貨屋を営むようになった。それからはお金を貯めて荷車を購入して商売をした。現在住んでいる家もその頃に建築したもので、全てが順調だったが妻が病気になり、治療のためにお金を使い果たしてしまった。

戒を守り始めたのは二〇〇六年くらいからである。社会では自分を含めてみんなが酒を飲んでいたので、酒をやめて子どもを教育しなくてはいけないと思ったからだ。転機は二〇〇八年に寺委員会の選挙で委員に選ばれたことだった。その半年後に商売をやめてK寺で三年間パーリ語を学んだ。

そして、サラットおじいさんは「私には資産もお金もない。豪華な家もない。……寺委員会に入ってからは、自分が一番貧しい人間だと思ったことはない。寺委員会の人びとは見下し合ったりしないし、寺委員会の仕事は楽しい」と語った。生活は楽ではなかったが、仏教儀礼への参加と布施を欠かさず、病人がいれば助けるために経文の朗誦に行っていた。

以前、功徳を積む理由について尋ねると、サラットおじいさんは、「来世では今と同じ人生を送りたくないから功徳を積んでいる。今は功徳が足りないのだ」と述べていた。スレイさんの話によると、サラットおじいさんの父はポル・ポト軍の兵士で多くの人びとを直接的あるいは間接的に殺害し、兄弟ですら殺したという。サラットおじいさんの父は人びとの恨みを買っていたため、ポル・ポト政権崩壊後に怒り狂った村人たちのリンチによって殺害された。「だからサラットおじいさんは精力的に功徳を積んでいるのだ」とスレイさんが述べていた。この話はサラットおじいさんから決して語られることはなかったが、「功徳が足りない」と言い、熱心に功徳を積む行為からは「私の人生はあまりにも哀れだ」と語るサラットおじいさんの辛い経験が透けて見えるように思えた。

しかし、息子が韓国語を勉強して選抜試験に合格し、二〇一五年六月に韓国へ出稼ぎに行ってからは暮らしぶりがよくなっていた。家の敷地の一部を売却し、その資金でバイクを購入して残りは息子が出稼ぎに行くための準備費用に充てた。二〇一五年のカタン祭では息子の仕送りで僧衣一式を布施したという。「もっと前に進むのだ（タウモックティアット）」とおじいさんはうれしそうに言った。息子が韓国へ出稼ぎに行ったお陰で暮らしがずいぶんと楽になり、幸福そうに見えるサラットおじいさんだが、「幸せは確定しているものではない。実のところ出家したいが、妻がいるからできない」と言う。そして、「幸福になるために出家したい。功徳を積むのは幸せになるためで涅槃のためではない」と続けた。出家することで大きな功徳が得られる。不安定で変化し続ける生の中で、幸福も永遠のものではないし、将来に何が起こるのか予測もつかない。しかし、カルマや功徳の観念の中で解釈するのであれば、対処する方法があるため扱いやすくなる。功徳を積むことで現在よりも、よりよい状況へと向かうはずである。功徳の実践はそうした「生」の不確実性に対処する方法となっていた。

## 三　希望がつくる寺院の社会活動

スレイさんやサラットおじいさんは寺委員会で活動していることは先に述べた。寺委員会は寺院の運営に関する役割を担っている。それらの活動について言及する前に、寺院がどういうものなのか、その役割や社会的布置についてふれておく。

### 1　僧と俗の交差点としての寺院

寺院の敷地内には、仏教儀礼の開催などで使用し、集会所としての機能をもつ「講堂」、得度式や還俗儀礼などの特別な儀礼が行われ、結界による清浄な領域をもつ「布薩堂」、僧侶が暮らす建物である「庫裏（くり）」がある。その中でも講堂は、信徒が最もよく集う場所であり、「戒の日」や仏教儀礼の際には人びとが食事や休憩をする場所である。一九四九年から一九五九年にかけてカンボジアで調査を行ったデルヴェール［二〇〇二：二三五］は、「寺院は、農村生活の中心である。……寺院は、農民にとって隠棲の場であり、瞑想の場であり、会合の場である。これこそ真の公共の建物である」と言及している。現在も寺院がもつ基本的な性格は変わっておらず、寺院は農村地域において老若男女がいつでも利用できる施設である。

寺院は公共施設であるがゆえにカネとモノが集まる場でもある。例えば中部タイで調査を実施したターウィルは、寺院が近代化のプロセスにおいて重要な役割を果たしており、農民たちの共同の努力によって発電機や電気配線、レコードプレイヤー、アンプや拡声器の設置を可能にしている場所だと指摘している［Terwiel 1975: 31］。カンボジアでも同様に、人びとの共同作業によってさまざまなモノが寺院に設置され、寺院の整備が行われている。そのため寺院は、地域の経済状況をそのまま反映させるものでもあった。特定の政府高官や海外在住のカンボジア人との結

表5　スヴァーイリエン州の寺院数と止住者数（2013年）

| | 郡名 | 寺院 | 僧侶 | | | ドーンチー | ターチー | 学生 | 寺子 |
|---|---|---|---|---|---|---|---|---|---|
| | | | 比丘 | 沙弥 | 合計 | | | | |
| 1 | スヴァーイリエン（州都） | 15 | 103 | 138 | 241 | 47 | 1 | 83 | 11 |
| 2 | バヴェット | 18 | 61 | 91 | 152 | 9 | 1 | 18 | 26 |
| 3 | スヴァーイチュルム | 49 | 125 | 268 | 393 | 10 | 21 | 47 | 15 |
| 4 | ロミアッハエッ | 52 | 148 | 140 | 288 | 21 | 13 | 5 | 7 |
| 5 | コンポンロー | 39 | 112 | 61 | 173 | 3 | 0 | 10 | 28 |
| 6 | スヴァーイティアップ | 21 | 88 | 64 | 152 | 14 | 5 | 6 | 21 |
| 7 | ロムドゥオル | 31 | 48 | 69 | 117 | 4 | 3 | 5 | 19 |
| 8 | チャントリア | 15 | 49 | 42 | 91 | 18 | 1 | 10 | 32 |
| 合計 | | 240 | 734 | 873 | 1,607 | 126 | 45 | 184 | 159 |

出所：スヴァーイリエン宗教局［2013］より作成。※全てマハーニカーイ派。

びつきがない限り、寺院は地域の人びととそのネットワークによる布施に依存する。寺院の繁栄は地域の誇りである。寺院と地域は運命共同体であるために、寺院の整備は永遠に終わることなく続けられている。

また公共施設としての役割を担う寺院は、宗教実践以外の目的で使用されることも少なくない。NGOや政府によるワークショップの開催、選挙の投票会場、私塾の開講、軽食や飲料、日用品の販売などの世俗的な目的でも使用されている。このように寺院は仏教実践の場であり、また僧侶や俗人がそれぞれの目的で訪れる生活実践の場でもある。

僧侶は寺院にとって大変重要な存在だが、寺院に止住しているのは僧侶だけではない。スヴァーイリエン州宗教局［二〇一三］の統計によると、スヴァーイリエン州にはドーンチーと呼ばれる女性修行者一二六人、ターチーと呼ばれる男性修行者四五人、学生一八四人、寺院に住まいながら僧侶の手伝いや寺院内の雑用を行う少年（寺子）一五九人が寺院に止住しているとされる（表5）。とりわけ俗人の止住者は州都に集中している。統計上は把握されていないが、家から遠く離れた学校に勤務する教師も寺院に住むことがある。全体的に見るとドーンチーの数はターチーと比較すると圧倒的に多い。その理由として、男性には出家という選択肢が用意されていること、ドーンチーには老年期の者で離婚や死別により夫を失った女性が多いことがあげられる。ドーンチーが止住する寺院は偏在しており、スヴァーイリエン州では特に州都に多い。

ドーンチーが止住している寺院を頼って地方から出て来る場合が多いためと考えられる。州都のP寺で五戒を保持して修行者として暮らすパーンさん（五一歳）は二年前にスヴァーイチュルム郡からやってきた。地元には寺院で暮らす女性修行者がいないので、州都にやってきたという。P寺では一〇人のドーンチーが暮らしている。パーンさんは寺院に止住する理由について次のように述べている。

ポル・ポト時代はバッドムボーン州に連れて行かれ、そこで両親と兄の家族全員を失ってしまったために孤児となった。その後、結婚したものの夫が他の女性と浮気をしたので離婚し、一人で子ども三人を育ててきた。子どもたちは結婚し、誰も自分の面倒を見てくれないので寺院で暮らすことにした。正月もプチュムバン祭の時も子どもたちが寺院を訪れることはない。そしてパーンさんは次のように語った。

「自分の人生は悲惨（ヴェータニア）だ。小さい頃から一人で苦労してきた。それなのに、子どもたちは私に悪行をはたらく。一人で子どもを三人育てたのに。これは自分のカルマによるものだ。功徳を積んでこのカルマの結果は終わりにしたい。寺院に住んで功徳を積み、自分自身を築いている（コーサンクルアエン）」。

寺院で暮らすことは楽ではない。たいていの寺院では食事は自炊となっている。昼食時にパーンさんに「今日のおかずは何ですか」と尋ねると「僧侶がくれた缶詰だ」と言って見せてくれた。食事に困ったときは寺委員会のおじいさんたちにもらうという。家も自分で建てなければならないが、パーンさんは前の住人が死亡して空きがあった小さな小屋に住まわせてもらっている。収入がないため、寺院内で空き缶やペットボトルを拾い集めたものを回収業者に売ってお金を得ている。ドーンチーの中には仏教儀礼に招聘され、布施を受けられる者もいるが少数であった。寺院は困難な状況にある女性たちのセーフティーネットのようにも思えるが、支援してくれる家族がいなけれ

表6　K区内の寺院の基礎的情報と止住者数（2013年10月）

| | 寺院名 | 所在地（村落名） | 建築年 | 仏教学校 | 僧侶 | | | ドーンチー | ターチー | 寺子 | その他 |
|---|---|---|---|---|---|---|---|---|---|---|---|
| | | | | | 比丘 | 沙弥 | 合計 | | | | |
| 1 | K | T | 1800 | 初等 | 1 | 6 | 7 | 0 | 0 | 3 | 5 |
| 2 | T | T | 2009 | なし | 5 | 9 | 14 | (2)　※ | 1 | 0 | 0 |
| 3 | B | B | 1735 | なし | 1 | 9 | 10 | 0 | 0 | 1 | 1 |
| 4 | M | C | 1993 | なし | 4 | 5 | 9 | 0 | 0 | 0 | 0 |
| 合計 | | | | | 11 | 29 | 40 | (2) | 1 | 4 | 6 |

出所：筆者調査。※雨安居のみ止住。

ば経済的にも厳しい。しかしパーンさんは寺院での暮らしについて「とても静かで楽しい」という。寺院で暮らすという選択はカルマを受け入れて「自分自身を築く」ということであり、新たな生を希求する意志と歩みがあるといえる。

またその他にも、色々な事情で寺院に止住する俗人がいる。例えば、K区内の寺院の止住者は表6の通りとなっている。K区全体では僧侶四〇人に対して俗人一三人が止住しており、俗人の数は決して少なくない。K寺では、教師二人を含む俗人男性五人が住職の許可を得て止住していた。教師以外の俗人の三人について述べると、妻子に逃げられて行き場を失い住み着き始めた者、妻の死後に僧侶の運転手をしながら止住する者、精神的な病を患って寺院の手伝いをしながら止住する者がいた。戒を守っている者はおらず、厳密な意味での修行者ではない。しかし、寺院内でそれぞれが仕事を見つけて行っており、置かれた状況が各人の役割を生んでいた。僧侶の出家理由と同様に、俗人の止住理由も多様である。このように寺院は僧俗男女問わず行き場のない者の避難場所としての役割を担っており、ある種の「移行期間」を過ごす場でもあった。

以上のように、寺院は地域社会において宗教という文脈を越えた広がりをもつ場として用いられている。つまり、「仏教実践の場」としても非常に重要であるが、同時にそこに止住する僧侶ないし俗人の「暮らしの場」でもあり、地域の人びとにとっての「生活実践の場」である。このように、寺院は僧俗の双方にとって欠くことのできない場となっている。

## 2　寺院を支えるアチャーと寺委員会

カンボジアにおいて寺院があれば必ず存在しているのが、「寺院アチャー（K: achar voat / អាចារ្យវត្ត）」と「寺委員会（K: kanakamakar voat / គណៈកម្មការវត្ត）」と呼ばれる住民組織である。(27) 寺院アチャーと寺委員会は、寺院と在俗信徒を結びつける紐帯としての機能を果たしている。寺院アチャーというのは、選挙あるいは住職によって選出された者である。寺院アチャーになると問題がない限り、亡くなるまで寺院アチャーとしての地位を保つことが多い。一般的に、寺院アチャーの多くは仏教儀礼に関する知識が豊富で出家経験をもつ高齢の男性である。寺院によって異なるものの、寺院アチャーは、アチャートム（大きいアチャー）一人とアチャーロン（助手のアチャー）一人から四人が選ばれることが多かった。寺院アチャーの主な仕事は、住職の補佐や仏教儀礼の際に経文を先導して朗誦すること、寺院の運営全般に関することである。寺院アチャーと寺委員会は基本的には無給であるが、大規模な仏教儀礼の際には住職から金品などの謝礼が与えられることがある。(28) 寺院アチャーは仏教儀礼の際に参集した大勢の信徒に向かって語りかけるという司会進行係としての役割を果たしながら、先導して経文を朗誦する。仏教儀礼の流れはあるものの、どの経文をどのタイミングで朗誦するかは寺院アチャーの判断によるものとなっている。円滑に儀礼を進めるために最も重要な役割を果たしているのが寺院アチャーである。

それでは、寺院アチャーとはどのような人なのか。K寺のアチャートムについて紹介する。アチャートムをしているマンおじいさん（一九三〇年生まれ、八六歳）は約二〇年にわたって出家した経験をもつ。マンおじいさんの母はK寺で布施や受戒、瞑想をしていたので、マンおじいさんもよく一緒に寺院に訪れたという。そして、おじいさんは次のような話をしてくれた。

当時、K寺では一〇〇人から一五〇人の信徒が集まって瞑想をしていた。父は船の荷物の積み上げの仕事をしており、出家したことがない。小さい頃は遊んでばかりだったため、両親は自分を出家させようとして三歳からK寺に預けた。当時、兄が住職をしており、寺院には三〇人くらいの僧侶が止住していた。自分のやることはお湯を沸かすことくらいだったので、昼は文字を勉強して夜は仏法を勉強した。一〇歳で沙弥として出家し、その後、比丘になってからは厳格に律を守っていた。寺院を移動しながら仏教学校で学び、卒業後は仏教学校で教鞭をとった。その後、還俗して結婚してからも布施をして五戒を守り、一〇種の悪行をしないようにしてきた。二〇〇〇年に先代が亡くなってからアチャートムをしており、二〇〇八年の寺院アチャー選挙では八四票を獲得し、二位の二一票に大差をつけて当選した。寺院アチャーをするようになって八戒を守っているのも、かれこれ一〇年以上になる。

現在、マンおじいさんは高齢で寺院に参詣できなくなったため、「戒の日」に僧侶を自宅に招聘して八戒を授かっている。今日でも、マンおじいさんの自宅には地域の人びとがさまざまな悩み事の相談のために訪れる。仏教に関する疑問や修行の悩み、結婚式の日程や結婚相手との相性、家の間取り、悪夢に対処する方法、ケガや病気の治療など、ありとあらゆる人びとの悩みに対応する。[29] 伝統的には寺院アチャーはマンおじいさんのように地域の人びとに最も尊敬されている長老が多く、寺院のためだけではなく、世俗的な悩みにも対応するという地域社会の中で非常に重要な存在である。しかしそろそろK寺では世代交代の時期でもあり、「マンおじいさんのような人はいない」と人びとは嘆いていた。

写真8　カタン祭にて村ごとに布施の受付をする寺委員会。

つづいて、寺院アチャーと共に住職の手足となって寺院の運営に関する役割を担っているのが寺委員会である。例えば、住職や僧侶の補佐、寺院内の雑用、寺院が所有する財産や所有物の管理、寺院で開催する儀礼の運営、地域の人びとへの諸連絡、布施の呼びかけや受付を行っている（写真8）。寺委

図1　K寺の寺委員会の組織図

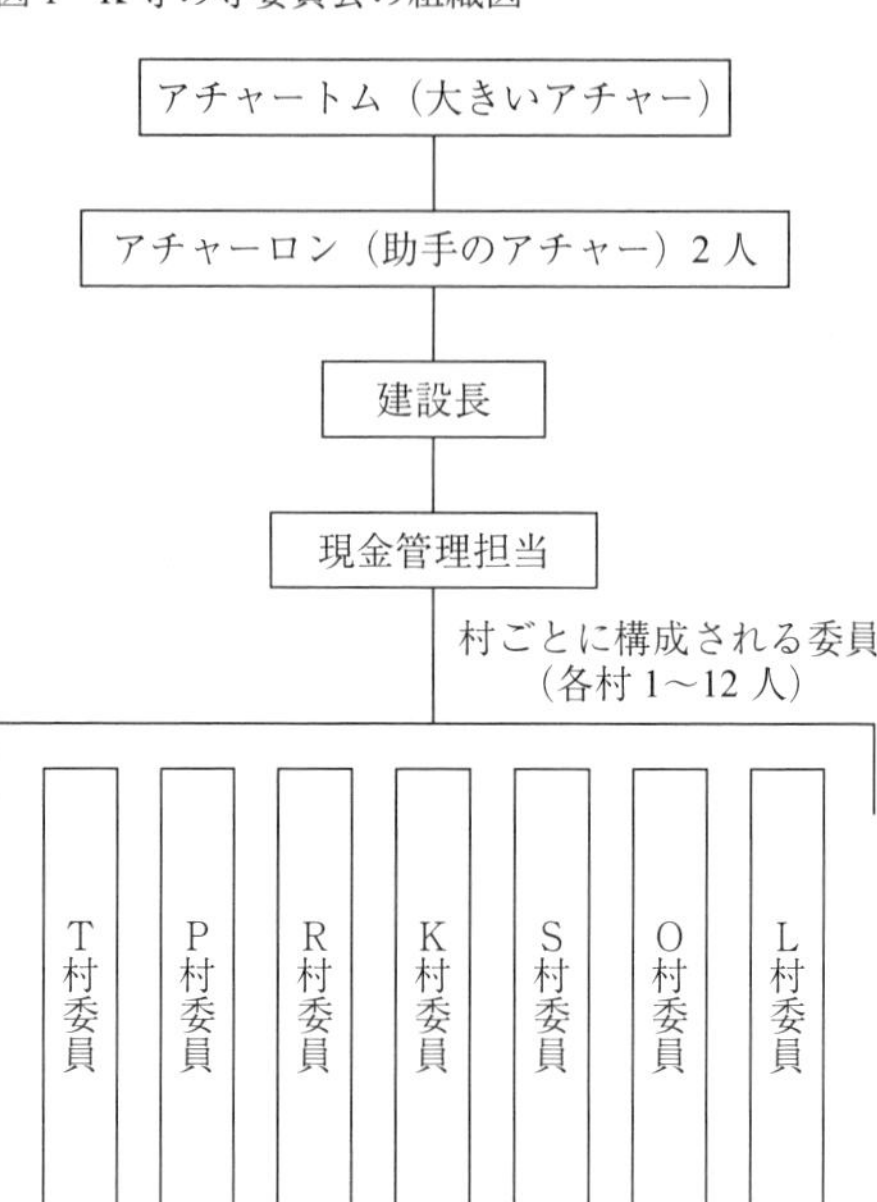


員会を構成する委員は、寺院が位置する周辺の村落から構成された「信徒集団（ボリサットチョンノッチューンヴォアット）[30]」から村ごとに数名が選出される。委員に関しては、宗教省に名前や年齢などの登録が義務付けられているが、寺院に来なくなる者もおり、登録委員と活動委員が異なることもある。選出方法は、選挙もしくは住職によって選出されたケースが散見されるが、選挙を実施しても最終的な決定権は住職にある。K寺の寺委員会の組織図は図1の通りである。寺院の中には建設長や現金管理を住職が行っている寺院もあるが、K寺のように建設長や現金管理などの担当委員をおく場合が多い。しかし、その場合でも住職と相談しながら実施していく。

寺委員会の委員は高齢の男性が多いものの、女性も多方面で活躍している（写真9）。K寺の寺委員会は選挙ないし住職による選出によって決定されており、「戒の日」に寺院に参詣する人、日常的に寺院に訪れて僧侶の手助けをしている人、仏教修行に熱心な人が住職から選ばれていた。K寺では周辺に位置する七村から三人のアチャーと四三人の寺委員会の委員を選出し、宗教省に登録していたが、日常的に寺院の仕事を手伝っていた委員は二〇人弱であった。女性はその約半数を占めており、離別や死別で夫がいない者も多い。年齢は四〇代から八〇代までと幅広く、その中でも六〇代以上が多く、四〇代の者は少ない。これらの人びとの大半は稲作などの生業に従事しながら活動していた。K寺の寺委員会は定期的な会合はないものの、必要があれば住職によって招集されるか「戒の日」

の朝食後に集まって話し合いが行われていた（写真10）。話し合いに参加するかどうかは個人の意思に委ねられていた。与えられる仕事も強制ではなく、できる人ができることを手伝うという仕組みになっていた。このように寺委員会はゆるやかに組織されているものの、寺院を運営していくためには必要不可欠な住民組織であった。

寺委員会は具体的にどのような仕事をしているのかを説明するために、K寺の「戒の日」について述べたい。「戒の日」にはたくさんの人びとが寺院の講堂に集まる。参集者は自宅で調理したおかずやご飯、果物や菓子などを重箱式の弁当箱につめて持参する。早朝六時過ぎになると男性の委員たちは布施の受付などを行い、講堂の左側に着座する。女性は中央から右側部分に着座する。女性の委員はブッダ（仏像）へのお供え物の準備や僧侶の食事の準備に忙しい。参集者用の温かいお茶はいつも同じ男性が担当している。筆者は花の水換えを主に担当していた。ブッダへの布施のための経文の朗誦が終わり、僧侶をお迎えする準備が整うと、寺院アチャーが僧侶を招聘する鐘を鳴らし、僧侶が講堂の左側に着座する。すると、信徒らは次々と持参した食べ物や飲み物を僧侶へ布施し、僧侶は食事を始める。寺院アチャーの先導による信徒の経文の朗誦と戒の請願、僧侶による授戒の後、僧侶の経文の朗誦が行われる。そして再び信徒による経文の朗誦の後に僧侶が席を立つと、信徒が食事を開始する。食事が

写真9　仏教儀礼のための供花を準備する寺委員会の女性たち。

写真10　寺委員会の話し合いの様子。

終了すると委員は残ってゴザを畳んで収納し、掃き掃除をしてから帰る。大抵は同じ人びとが同じ仕事を担当していた。寺院アチャーのおじいさんはゴザを畳みながら「寺委員会は一万リエル（約二・五ドル）だってもらってない。協力し合っているのだ」と述べていた。

K寺の寺委員会の女性は、寺院でパーリ語を学び、仏教書を読むなど熱心な女性が多かった。寺院運営に関する主導権は住職や高齢男性の寺院アチャーにあったが、寺院アチャーの世代交代や女性の知識の向上によって寺院アチャーと女性委員との知識の差がなくなってきていた。しかし女性の多くが会議や公の場で発言することはなく、運営や抱える問題に積極的に関与しようとしなかった。寺院での問題は非常に多かったが、委員のスレイさんは、「もめ事には関与しない。それらは功徳とは関係がない」とし、「自分のできる仕事を手伝うだけだ」という態度を示していた。実際に寺委員会の女性は男性よりも「清浄（チュレアットラー）である」といわれていた。寺委員会の女性は地域の人びとから尊敬されており、寺院や各世帯で仏教儀礼の際には儀礼の進行に関してアドバイスや補助をしていた。地域の人びとから布施を受けとったり、重い病気の人がいる場合には経文の朗誦に呼ばれることもある。読み書きができない女性も数人いたが経文を暗記して朗誦しており、中々経文を覚えられなかった筆者は頭が下がる思いがした。出家という手段がない女性も事情によって出家できない男性も、貧しい者も豊かな者も、その社会的地位とは関係なく、仏教を学んで実践することでよき仏教徒として、寺委員会の委員として、地域社会での新たな役割を与えられるという状況がみられる。このように仏教実践は、実践する当人の社会的な地位を変更させるという可能性をもっていた。

## 3　寺院と信徒の地域社会での活動

寺院では住職と相談を行いながら、寺院アチャーと寺委員会が主体となってさまざまな社会活動が行われている。

表7　寺院が介在する活動の類型

| 資金別による活動の類型 | 資金源 | 活動内容 | 対象者 |
|---|---|---|---|
| 下請け・協力型 | 開発援助機関の資金 | 植林、HIV/AIDS患者支援などのプロジェクト毎に異なる内容 | 一般／特定の他者 |
| 政治資金型 | 政府高官による布施 | 公共物の建設や貧しい世帯、被災者への直接の支援 | |
| 功徳型 | 仏教儀礼での地域内外の信徒による布施 | 物品の貸出しや火葬場などの施設利用といった社会サービスの提供 | |

寺院の活動を資金源ごとに大別すると、表7のように三つの類型に分けられる。まず、(1)「下請け・協力型」は、開発援助機関の支援によって行われる活動で、援助機関が直接実施することや、宗教省に協力を要請し、宗教省の事業として行われることもある。つづいて、(2)「政治資金型」は、特定の政府高官（カンボジア人民党）の個人資金で行われる活動である。ここでは、寺院や僧侶が介在して、公共物の建設や貧しい世帯、被災者への直接の支援を行う活動を指している。実際に、K区の位置するスヴァーイチュルム郡では、僧侶と人民党の政府高官が近しい関係にある場合、さまざまな活動が実施されていた。最後に、(3)「功徳型」は積徳行を基礎として行われる活動である。これらの活動は相互に交わりあいながら行われることもある。特に(2)「政治資金型」は積徳行を介して行われることが多い。三つの類型の内、(1)「下請け・協力型」の割合は少なく、K寺では過去に僧侶が寺院運営に関するワークショップ参加したことや、日本の仏教団体とNGOの支援で植林や池の建設が行われたことがあるが、このような機会は頻繁にある訳ではなかった。よって寺院の活動の大半は(3)「功徳型」の活動となっている。

K寺の活動の一例をあげると、火葬場の提供、ワゴン車の利用、遺体搬送車の貸出し、仏教儀礼で使用するためのゴザや仏画の貸出しを行っていた。ワゴン車や遺体搬送車は、信徒が他の寺院の仏教儀礼に行く際に頻繁に利用され、バイクをもたない高齢者にとっては重要な移動手段であった。このような寺院の活動に使用されているモノは、人びとの布施によって購入された地域の人びとの共有の財産であった。これらは基本的には「戒の日」やカタン祭、プカー祭をはじめとした仏教儀礼で集められた布施によって購入される。ここでは、寺院や信徒によって行われる「功徳型」の二つの事例について紹介したい。

### 事例1　カタン祭

カタン祭はカチナ衣という僧衣を布施することが本来の目的だが、多額の布施が集まるために、カタン祭の大半が寺院内外のインフラ建設を目的として実施されている。個人もしくは共同開催があり、主催者は最大の功徳を得られるといわれている。その理由として、多額の布施を要すること、そして「年に一度の二九日間という限られた期間に一つの寺院で一度だけ開催できる」という貴重な仏教儀礼だからという説明がされていた。

K寺の信徒であるサオおばあさんの場合、カタン祭で得た功徳を亡き家族や親族に回向するためだという。筆者は二〇一三年一一月の「戒の日」に寺院で偶然隣に居合わせたサオおばあさんからカタン祭の誘いを受けた。ポル・ポト時代に家族や親族が殺害された寺院でカタン祭を主催するという。サオおばあさんは、「家族と親族の二二人が殺された。だから、カタンを主催して功徳を回向するんだ。妹なんかこんなに小さかったんだ」と隣にいた七歳くらいの女の子を指さしながら言った。そして「なんて悲惨だ（ヴェータニアナッ）」と言って涙をながした。サオおばあさんの家族や親族には出家者が多く、還俗後はプノンペンで教師をしていたため、殺害された人が多かった。隣にいたおばあさんも話に加わって当時の話になり、「そういう訳なんだよ。功徳を積む理由は……」と述べた。

このように、亡くなった家族への回向を主催の動機にする語りはしばしば聞かれた。また主催者だけではなく、共に参加する人びとにも大きな功徳をもたらすとされるため、カタン祭は非常に人気がある華やかな仏教儀礼となっている。

写真11は二〇一三年にK寺で開催されたカタン祭の様子である。ツケ買いで購入した遺体搬送車の支払いに充てるために、地域の人びとの共同開催で行われた。地域の人びとがプノンペンや他州にいる遠く離れた親族や友人、

他の地域の寺院にも呼びかけて参加を募るという一年の中でも大規模に開催される祭である。そのため、地域の人びとは参集者のためにお粥やノムバンチョッと呼ばれる米麺にスープをかけたもの、豪華な場合はご飯とおかずなどの食事を準備して精一杯の歓待をする。

このように積徳行を基礎として集められた布施は、寺院の共有物を購入するための資金となっている。寺院の社会活動は、僧侶や寺院アチャーと寺委員会を中心に運営されつつも、地域の人びとや一時的に参加する地域外の人びとといったさまざまな他者との関わりの中で行われており、地域の一時的な共同性を生み出している。地域の人びとは布施という方法で資金を提供する施主であり、かつ寺院の共有物の利用者でもあることから、これらの活動は地域の人びとが自らのために行う活動でもある。カタン祭では、積徳や回向という個人的な動機を契機として集められた財が最終的に「公」の領域に再分配されている。これは人・モノ・カネが集まるという寺院の特性によるものであり、集められたモノやカネが地域内に還元され、循環することで公共の福利につながっている。

写真11　カタン祭でカチナ衣を僧侶へ布施する様子。

### 事例2　サンガハットア（仏法による救済）

二つ目の事例が特定の他者を救済するものであり、クメール語で「サンガハットア（K: sângkeahthoa / សង្គហៈធម៌）」と呼ばれる「仏法による救済」という意味の儀礼である（写真12）。K寺周辺の地域では、次のような流れで行われていた。まず、病気が回復しない人がいる場合、病人の家族や知人などが儀礼を行うことを提案し、開催を決定する。そして参加者を募って三日間にわたり、夕方から夜にかけて病人宅に参集して経文の朗誦を行う。そして四日目の朝に僧侶を招き、

写真12　サンガハットア（仏法による救済）の儀礼で経文を朗誦する寺委員会の人びと。

参集者は金品を病人に布施し、病人がそれらを僧侶へ布施するというものである。参集者は読経により功徳を積んで病人に回向し、病人は随喜することで功徳が得られる。病人は得た功徳によって病気を回復させるか、もしも死亡してしまった場合でも地獄に落ちてしまうことを防ぐ。儀礼の中では、アチャーが「カルマが結果をもたらす機会がなくなりますように（ウハーセカム）[31]」と度々述べている。つまり「病人は悪行によって病気になっているが、現在は功徳を積んでいる。その功徳によって今後、悪いカルマが実を結ぶ機会がなくなるように」という願いが込められている。

「サンガハットア」では最終日に金銭や米などの布施が持ち寄られるものの、K寺周辺で開催されていた儀礼では、貧しい病人向けの募金活動という趣旨はなく、純粋に経文によって病人を救済することを目的としていた。それは、病人が非常に裕福であっても「サンガハットア」が行われていたことからもわかる。参集者による布施の金額は小額であり、病人は最終日に僧侶や寺院に布施する。さらには三日間にわたって参集者に飲み物などを振る舞うことから、ほとんど病人の手元には残らない。しかし、カンボジア南部に位置するタカエウ州で調査を行った矢倉［Yagura 2010］は、「サンガハッ」と呼ばれる重病人や貧しい村人などを対象とした募金活動について報告しており、地域によって多様な実践が行われているといえる。

K寺周辺でこの経文の朗誦に参加するのは、寺院アチャーや寺委員会の委員が圧倒的に多い。招聘されることが多く、また発起人となることや参集者を募ることにも協力していた。寺委員会の人びとが招聘される理由として、「読経ができる人」であるということが大きい。「サンガハットア」では一時間以上の長時間にわたって読経するため、その中には「戒の日」や通常の儀礼で朗誦される一般的な経文の他、通常は僧侶が朗誦するものも含まれる。朗誦によって病人を救済するため、「読経ができる人」が必要である。そのため参集者には病人の家族以外は寺委員会の人びとしかいないということもしばしばであった。病人の家族や親族は参集者を飲み物などで歓待し、「ありがとうございます。また明日もお願いします」といつも感謝の言葉を述べていた。これに対して「人を助けることは楽しい」と寺委員会の女性たちは語っていた。これは功徳の実践によって病人を「助ける（チュオイ）」行為だと認識され、通常この儀礼に参加することは「経文の朗誦を助けに行く」という言い方がされていた。つまり、一見すると個人的で非社会的のようにも思える読経という実践は、他者を救済し支援する社会活動でもあった。スレイさんやサラットおじいさんは読経に頻繁に招聘され、積極的に参加している。スレイさんは「自分の幸福のために他者を助けている。仏法を求め続けることで、悪行が入りこまないようにしないといけない」と語っていた。自分の幸福のために他者を助けるという行為があり、自分の幸福の延長線上に他者の幸福がある。

以上の二つの事例からは、「功徳型」の活動はよりよき「生」を求める実践である積徳行に支えられたモノ、カネ、功徳などが「分配」されることで成立していることがわかる。この「生」とは、今生の「生」のみではなく、今を起点として連綿と続く未来の「生」、すなわち来世も内包されている。「功徳型」の活動では、「私」の今生や来世での幸福を得るための功徳の実践が、結果として「社会」の幸福へと接続しているという側面がみられる。

## おわりに——社会へひらかれる「私」

人生の中では、ある日突然、災厄に見舞われたり、困難な状況に陥ったりすることがある。それはいつ降り掛かってくるのかもわからない。そうした困難にどのように対処したらよいのだろうか。本書で扱ったのは、カンボジアの村落において困難に対処し、現在と未来に働きかける手段として、「功徳を積む」という方法を選択している人びとの経験と実践である。人びとの実践は現在の自分の状況はかつての自分の行為によるものというカルマの思想によって導き出されている。それは、自分の過去の経験と対話しながら生きる手がかりを得ることでもある。こうしたカルマや功徳の観念は、人びとの想像力によって支えられているのではなく、現実性（リアリティ）をもつものでもない。むしろ、当人にとっては現実（リアル）そのものなのである。仏教を生きる人びとにとって、功徳とは現在の状況の原因を説明するものであり、行動を促す力でもある。

人びとはさまざまな困難な状況をカルマあるいは功徳の「不足」と説明付けていた。カルマは不幸の要因として語られる一方で、幸福は功徳によるものとして説明された。例えば、筆者がボイスレコーダーを置き忘れて盗まれても後で手元に戻ってきたことや日本に生まれたこと、そして日本とカンボジアを行き来していることも「功徳があるためだ」と人びとは述べていた。私がスレイさんと一緒に行動し、戒を保持して寺院の手伝いや仏教儀礼に参加していることもその説明に拍車をかけた。私は思いがけず語りを強化する役割を担ってしまっていたのである。調査中は人びとの経験の語りに寄り添い、追体験し、いつのまにか仏教徒になっていた筆者も、人びとと共に自らの「生」をカルマと功徳によって解釈し、新たな意味を付与するという作業をしてきた。「私は功徳が足りているのだろうか」と考えながら人びとと一緒に功徳を積み、自分の「生」について顧みる期間でもあった。

スパイロは、「カルマ、そしてカルマを改善させる手段としての功徳の効力への信仰は、自分の未来の人生のチャンスを変える、劇的にですら変えるという期待を与えている。そして、現在の暮らしは人生全体では一時的なものであるという想定の中ではあきらめや無関心、静観ではなく、希望や計画、努力といったものをカルマ信仰がもたらしているという状況は明らかなようだ」と述べている［Spiro 1966: 1172］。このように、カルマや功徳の思想は人びとに希望をもたらし、仏教実践を促していた。もしも現在が悪い状況であるなら、功徳が「不足」している状態を補い、さらにより増加させていく必要がある。功徳は過去の経験に新たな意味を付与し、未来へと向かわせる希望である。

スレイさんやサラットおじいさんは家族との死別や貧困、夫との離別、孤独などの苦難の経験をしてきた。そして、幸福を得るためや苦からの解放のために功徳を積み、熱心に仏教実践を行ってきた。そして次第に寺院の活動に関わるようになり、地域社会の中で仏教儀礼や経文の朗誦に呼ばれ、儀礼の補佐役として主催者にアドバイスを与えるなどの指導者的な地位を獲得していた。男性であればサラットおじいさんのように儀礼アチャーとして活動するようになる人びともいる。そうした過程の中で人びとから年齢にかかわらず、「おばあさん」や「おじいさん」と呼ばれるようになり、敬意を示されるようになっていった。呼称の変化は、同時に関係性の変化をともなう。福田（スラエボン）として布施の対象になることもしばしばであった。仏教実践は既存の関係性を補強ないし変更させると同時に、新たな関係性を構築しながら展開されていた。

スレイさんやサラットおじいさんの事例は、仏教実践によって世俗とは関与せず厭離する方向に行くのではなく、むしろ仏教実践は常に社会と共にあることを示していた。仏教実践は「今、ここ」を起点として内へ向かうのではなく、「外＝社会」に向かってひらかれている。よりよい「生」のためや無限に続く「生」からの解放のために世俗社会から離れて戒を保持し、功徳の実践へとむかう程、逆説的に世俗社会への関与を拡大させるという状況が見られる。功徳は仏教儀礼を始めとした地域の一時的な共同性を生み出す原動力になっている。行為者である「私」の現在や来世を含む未来の幸福を求める功徳の実践が、結果として寺院の社会活動や他者を救済する活動といった「社会」の幸福へと接続している。このように、カルマの観念による「素朴な個人主義」を基礎として、功徳は「私」と「社会」、そして「過去」と「未来」をつなぐ重要な媒体となっている。

本書で扱ったのは具体的な人びとの経験と仏教実践であり、それらの実践と社会との関わり合いである。仏教実践について、林［一九九七：一〇〇］は次のように述べている。「個人を基点にすれば仏教はそれを信じる者にとっては、ただひとつのものである。……仏教のその実践は、常にある地域や民族、さらには他者との社会関係のなかで生まれている。実相は常に個別的である」。林が指摘するように、人びとが生きるそれぞれの仏教の中で実践が生まれている。それぞれがもつ仏教的な世界観と経験が織りなす交差点に、生死や苦難、過去・現在・未来と向き合うための個別的な実践が立ち現れている。内戦や虐殺、貧しさという筆舌に尽くし難い困難な状況に翻弄されながらも、人びとは立ち上がり、新たな希望と共に人生を修正していく力をもっている。このような仏教を生きる人びとの実践は「人生を修正するための方法」ともいえる。それは、国境を越えて日本の社会で今を生きる私たちにも「生」に対する新たな希望をもたらしてくれるのではないだろうか。

注

（1）本書で登場する、筆者が聞き取りを行ったインフォーマントの個人名については全て仮名である。

（2）パーリ語のローマ字表記については［水野　二〇〇五］を参照して（P:）で、クメール語のローマ字表記については（K:）で示す。また、クメール語の片仮名表記については、一般に広く普及している固有名詞を除き、発音を優先させた。

（3）在家者が守る基本的な戒としては五戒（①生き物を殺さない、②与えられていないものをとらない、③不道徳な性行為をしない、④嘘をつかない、⑤酒や麻薬類を使用しない）と八戒がある。八戒を守る場合は、日常戒として五戒を守り、月に四回訪れる「戒の日」（カンボジア暦において新月、上弦の八日目、満月、下弦の八日目にあたる）に八戒を守る。尚、五戒では配偶者やパートナー以外の人との性行為が禁止されているが、八戒では一切の性行為から離れる。

（4）アチャーはサンスクリット語の ācārya に由来する語で、教師などの意味をもつ［坂本　二〇〇一］。アチャーは在家者である。出家経験をもつ高齢の男性であることが多い。各世帯で開催する儀礼を主導する「儀礼アチャー」、説法を行う「仏法のアチャー」、寺院での儀礼を主導する「寺院アチャー」がいる。寺院アチャーは儀礼アチャーを務めることが多い。

（5）一二九六年のアンコール期のカンボジアを訪問した周達観の著書『真臘風土記』では、剃髪して黄衣をまとう僧侶の住む寺院には釈迦仏のみが祀られ、一日一回の食事で飲酒をせず、尼僧はいないと述べられている［周　二〇〇八：二五―二六］。このように上座仏教の特徴が示されており、その伝播がうかがえる。

(6) カンボジアでは「無常・苦・無我」についてしばしば説法で説かれる。また葬送儀礼の際、とりわけ政府高官や高僧などが死亡した際に「無常・苦・無我」と白文字で書かれた黒いリボンが供花に飾られる。

(7) 少年たちの仕事として、例えば托鉢の補佐や荷物運び、買い物、掃除などがある。これらの労働に対して僧侶が小遣いを渡す場合もある。少年たちは寺院に住み込む場合と自宅から通う場合がある。

(8) 農村地域では、裕福な世帯の男子が出家することはまれであった。例えばスヴァーイリエン州の州都で学ぶK区出身の沙弥は裕福な世帯の男子が出家したこと、またその両親が多額の布施をしたことを筆者に語り、「金持ちが出家するとは珍しい」と驚いていた。

(9) スヴァーイリエン州では州僧長が仏教教育に力を入れており、仏教高等教育学校が建設されたものの生徒が全くいないのが現状であった。多くの生徒が首都の学校への進学を希望していた。

(10) K寺仏教学校教員からの聞き取りによると、ブッダの時代にも六種類の出家者がいたという。①生存のための出家、②遊ぶための出家、③宗教の中での迷いによる出家、④宗教を堕落させるための出家、⑤資産を集めるための出家、⑥苦からの解放のための出家である。また、一九七九年以降の兵役が義務付けられていた頃には「軍に入るのが嫌で出家した」という僧侶もいた。

(11) 「クメール市民は、性別に関わらず、信仰の自由の権利を有する。信仰および礼拝の自由は、他人の信仰に影響を与えず、公共の秩序と安全を侵害しない限り、国家によって保障される。仏教は国教とする」と憲法第四三条に明記されている[Jenner 1995: 14]。

(12) トアンマユット派はマハーニカーイ派と比較すると律に沿った実践を行う傾向が強い。例えば、マハーニカーイ派とは異なり、金銭に触れてはならず、経文はスリランカと同様の発音で朗誦する。その他、僧衣の色と着衣の方法、托鉢時の鉢の持ち方に違いが見られる。しかし農村地域では正式な仏教儀礼を除いて、マハーニカーイ派と同様に僧衣を身につける寺院も見られる。

(13) 僧侶の中でも人びとに影響力のあった僧侶が殺害されている。例えば、当時のマハーニカーイ派の大管僧長であったフオト・タート(Huot That)師はウドン(プノンペン近郊に位置する古都)に車で連行され、尋問と折檻の後で殺害された[de Nike et al. 2000: 361]。また、古くからトリピタカ(パーリ経典)編纂委員会の委員であった僧侶一二名の内、一〇名が(政権奪取後の)最初の三日間で殺害され、生存者は二名のみであった[Harris 2005: 175, 286]。

(14) 東部地域では金銭や学校、宗教を維持する力によって一九七六年の中頃まで仏教が盛んであったという議論もある[Harris 2005: 179]。

(15) カイズ[Keyes 1994: 71]はベトナムから招聘された僧侶の名前の中にクメールの名前があったことに触れ、ベトナムに住むクメール人ないしベトナムに逃れたクメール人であった可能性を指摘している。テップ・ヴォン（Tep Vong）師によると、その内、授戒師はポル・ポト政権下にベトナムに逃れた一四年の法臘（出家年数）があるクメール人僧侶であったという［Keyes 1994: 60］。

(16) この後、最も高齢でポル・ポト時代も還俗を拒否し続けたカエット・ヴァイ（Kaet Vay）師が最初の統一サンガの僧長および授戒師に就任するもすぐに退き、同時に得度した僧侶の中で最も若かったテップ・ヴォン師が後任となった［Harris 2007: 189-190］。この背景にはテップ・ヴォン師と政党との密接な関係があるからだと噂されている。尚、再得度の際、法臘（出家年数）は数え直しとなる。

(17) 州ごとに対応が異なっていたと考えられる。スヴァーイリエン州は政府の管理が「厳しい（タン）」という意見はよく聞かれる。州知事や州僧長の対応の差によるものと推察される。

(18) 仏教的に誤った見解のことで、①運命は決定付けられていると考えること、②死後は何もないと考えること、③カルマを信じないことを指している。

(19) このことは、しばしば「盲目の亀の話」にたとえられる。一匹の盲目の亀が海の底に住んでおり、百年に一度だけ海面から顔を出す。そして、大海には中央に穴の空いたくびきが漂っている。その盲目の亀が海面から顔を出す際に偶然くびきの穴に頭を突っ込むことよりも人間に再生することは難しいという（相応部）［高楠監修 二〇〇二：三九〇］。

(20) このような実践をめぐる対立については、小林［二〇一一、二〇一五］に詳しい。小林は「仏教」と「仏教以外」を区分する言説について、二〇世紀初頭に生まれて社会に浸透したのだろうと言及している［小林 二〇一五：三八］。筆者の調査地では、ネアックター（精霊）に対して「仏教ではない」として信仰する人びとを批判することや、そうした存在を仏教の中で解釈し直すという現象も起きていた。ネアックターとは、幸運と不幸をもたらす両義的な存在で、特定の個人が祀られてネアックターとなる場合と森などの土地の精霊をネアックターと呼ぶ場合がある。カンボジアの全国の寺院にはイェイテープ（テープおばあさん）と呼ばれる女性のネアックターが祀られているが、K区に隣接するプレイヴェーン州に位置するP寺の住職は「イェイテープは土地の女神（テワダー）である。信徒を守るために祀ってある」と述べていた。このようにネアックターは仏教の中の天人に解釈し直されていた。

(21) ここでは「〇〇寺のバロマイ」という形で使用されていた。バロマイは、パーリ語の **pāramī** を語源とし、「最高なるもの、波羅蜜」［水野 二〇〇五：二二四］を意味する。通常、善行によって功徳が得られ、世俗的な善い果報が得られる。一方で、波羅蜜は「涅槃に導かれますように」と願いながら善行を行うことで積むことができる。例えば、「金持ちになる」などの世俗的な果報ではなく、「良き師に巡り合う」などの涅槃の助けとなるような果報が得られる。ブッダが菩薩のときに行っていたのが、一〇項目の実践で十波羅蜜（布施／戒／出離／智慧／精進／忍辱／真実語／決定（けつじょう）（決意）／慈／捨）といわれる。しかし、アン・チュリアン［Ang Chouléan 1988: 38］によると、人びとはバロマイをブッダの十波羅蜜ではなく、主として超人的な力として認識しているという。また、その範疇は霊的なものから道徳観にまで及んでおり幅広い。

(22) プレァトラニーとも呼ばれる長い髪をもつ大地の女神。説話の中では長く垂れた髪から水を吐き出す事によって、釈迦の瞑想を妨害するマーラ（他化自在天の天魔）を追い払い、悟りを開くのを助けたといわれている。また吐き出された水は、過去世で積んだ功徳であるといわれている。

(23) 例えば藤本［二〇〇七：七二―七九］によると、次のような話がある。商人たちは、過去世で服を盗んだ悪行の結果のため裸で外に出られない女餓鬼に出会い、上着を与えようとする。すると、女餓鬼は「手から手に（直接）あなたが与えるものは、私の助けにはなりません。ここには、（中略）信心深い在家信者がおられます。この方に上着を与えて着せて、その布施を私に指定してください。そうすれば私は幸せになり、すべての望みが叶えられた者となるでしょう」と言った。商人たちが言われた通りにすると、女餓鬼は清らかなカシミヤより勝れた衣服を着て微笑んであらわれ、「これが布施［と廻向］の果報です」と言った。

(24) 弥勒菩薩とも呼ばれる。現在仏であるゴーダマ・ブッダの次にブッダとなることを約束されており、現在、天界の兜率天で修行を積んでいるといわれている。

(25) ブッダは女性特有の五つの苦があると説明している。その五つとは、「他の家に嫁いで親族と離れて暮らすこと」「月経」「妊娠」「出産」「男子に仕えること」であるとされる（相応部）［高楠監修　二〇〇二：三七〇―三七一］。

(26) 四種（預流果、一来果、不還果、阿羅漢果）の悟りの段階のうち、阿羅漢果を得た聖者。阿羅漢は全ての煩悩が根絶しているため、死んでも二度と生まれ変わることがない。

(27) 寺委員会はアチャーを含んでアチャー・寺委員会と称される場合や寺委員会の委員にアチャーが含まれる場合もある。役職名は寺院によって異なり、ゆるやかに運営されている。

(28) 例えば、K寺ではクメール正月などの大規模な仏教儀礼の際、住職から一万リエルから二万リエル（約二・五ドルから五ドル）が謝礼として手渡された。また、寺院へ布施されたインスタント麺、菓子、果物、ジュースなどが分け与えられることが頻繁にあった。

(29) 筆者はマンおじいさんの家に住み込んでいたため、多くの人びとの相談に立ち会った。例えば、村のおばあさんが「井戸を屋敷地のどこに建設したらよいか」という相談に来たことがある。そこでマンおじいさんは、「北か東が良い。昔、家の南側に井戸を建設した人がいた。南は頭を向けて寝るところだ。そこを掘るといけないと注意したが聞かなかった。すると、その家の家族の頭がおかしくなった。そこで、井戸を壊して東に建設しなおしたところ、すぐに治った。今は妻をもち仕事もうまくいっている」と答えた。

(30) ボリサットは「信徒」、チョンノッは「属する」、チューンは「足」、ヴォアットは「寺院」を意味し、全体で「寺院を支える信徒集団」というような意味になる。小林は「ある寺院の活動へともに参加することで定まる非限定的な社会集団」といった意味をもつと言及している［小林　二〇一一：三八五］。

(31) 既有業といい、カルマが結実するための条件が揃わずに無効となることを指す。

## 参考文献

Ang Chouléan
1988 The Place of Animism within Popular Buddhism in Cambodia: The Example of Monastery. *Asian Folklore Studies* 47(1): 35-41.

Chandller, David
2008 *A History of Cambodia. Fourth edition updated.* Boulder: Westview Press; reprint, Chiang Mai: Silkworm Books.

Chantou Boua
1991 Genocide of a Religious Group: Pol Pot and Cambodia's Buddhist Monks. In *State Organized Terror: The case of Violent Internal Repression.* Bushnell, P. Timothy, Vladimir Shalapentokh, Christopher K. Vanderpool and Jeyaratnam Sundram (eds.), pp.227-240. Boulder, CO: Westview Press.

de Nike, Howard J., John Quigley, and Kenneth J. Robinson (eds.)
2000 *Genocide in Cambodia: Documents from the Trial of Pol Pot and Ieng Sary.* Philadelphia: University Pennsylvania Press.

デルヴェール・J（石澤良昭監修・及川浩吉訳）
二〇〇二『カンボジアの農民——自然・社会・文化』東京：風響社。

Ebihara, May Mayko
1968 *Svay, a Khmer Village in Cambodia.* Ph.D. dissertation. Department of Anthropology, Colombia University.

藤本　晃
二〇〇七『死者たちの物語「餓鬼事経」和訳と解説』東京：国書刊行会。

Harris, Ian
2005 *Cambodian Buddhism: History and Practice.* Honolulu: University of Hawai'i Press; reprint, Chiang Mai: Silkworm Books.

2007　*Buddhism under Pol Pot.* Phnom Penh: Documentation Center of Cambodia.

林　行夫

一九八九　「ラーオ系稲作村における互助規範と功徳のシェアの社会的意味――タイ上座部仏教の文化人類学的考察」『ソシオロジ』一〇五号：六五―八六頁。

一九九七　「仏教の多義性――戒律の救いの行方」『岩波講座文化人類学 第一一巻 宗教の現代』東京：岩波書店、七九―一〇六頁。

一九九八　「カンボジアにおける仏教実践――担い手と寺院の復興」大橋久利（編）『カンボジア――社会と文化のダイナミックス』東京：古今書院、一五三―二一九頁。

二〇〇〇　『ラオ人社会の宗教と文化変容――東北タイの地域・宗教社会誌』京都：京都学術出版会。

二〇一五　「育み、抗う〈功徳〉――東南アジア上座仏教徒の実践から」長谷川清・林行夫（編）『積徳行と社会文化動態に関する地域間比較研究――東アジア・大陸東南アジア地域を対象として』（CIAS Discussion Paper No. 46）京都：京都大学地域研究統合情報センター、一九―二六頁。

石井米雄

一九七五　『上座部仏教の政治社会学――国教の構造』東京：創文社。

一九八〇　「カンボジアのサンガについて」『仏教研究』第九号：一五―三二頁。

一九九六　「宗教と世界観――四サンガ組織」綾部恒雄・石井米雄（編）『もっと知りたいカンボジア』東京：弘文堂、一二九―一三八頁。

Jenner, Raoul M

1995　*The Cambodian Constitution(1953-1993).* Bangkok: White Lotus.

片山良一訳

二〇一一　『パーリ仏典（第三期）一相応部（サンユッタニカーヤ）有偈篇一』東京：大蔵出版。

Keyes, Charles

1983　Merit Transference in the Karmic Theory of Popular Theravāda Buddhism. In *Karma: An Anthropological Inquiry.* Charles F. Keyes and E. Valentine Daniel (eds.), pp.261-286. Berkeley: University of California Press.

1994　Communist Revolution and the Buddhist Past in Cambodia. In *Asian Vision of Authority: Religion and the Modern State of East and Southeast Asia.* Charles F. Keyes, Laurel Kendall and Helen Hardacre (eds.), pp.43-73. Honolulu: University of Hawai'i Press.

小林　知

二〇〇六　「現代カンボジアにおける宗教制度に関する一考察――上座仏教を中心として」研究代表者・林行夫『東南アジア大陸部・西南中国の宗教と社会変容――制度・境域・実践』平成一五―一七年度科学研究費補助金研究成果報告書、五三三―六一五頁。
二〇一一　『カンボジア村落世界の再生』京都：京都大学学術出版会。
二〇一五　「ブッダと精霊――カンボジア仏教徒による積徳行の原風景を考える」長谷川　清・林　行夫（編）『積徳行と社会文化動態に関する地域間比較研究――東アジア・大陸東南アジア地域を対象として』、（CIAS Discussion Paper No. 46）、京都：京都大学地域研究統合情報センター、一九―二六頁。

Locard, Henri
1996　*Le "Petit Livre Rouge" de Pol Pot ou les paroles de l'Angkar: entendues dans le Cambodge des Khmers Rouges du 17 avril 1975 ou 7 janvier 1979.* Paris: L'Harmattan.

水野弘元
二〇〇五　『パーリ語辞典』東京：春秋社。

National Institute of Statistics, Ministry of Planning (NISMP)
2013　*Cambodia Inter-Censal Population Survey 2013 Final Report.* National Institute of Statistics, Ministry of Planning. Phnom Penh: Kingdom of Cambodia.

ポンショー、フランソワ（北畠霞訳）
二〇〇三　『カンボジア・ゼロ年』東京：連合出版。

坂本恭章
二〇〇一　『カンボジア語辞典（上・中・下）』東京：東京外国語大学アジア・アフリカ言語文化研究所。

桜部　健
一九七四　「功徳を廻向するという考え方」『佛教学セミナー』第二〇号：九三―一〇〇頁。

笹川秀夫
二〇〇九　『植民地期のカンボジアにおける対仏教政策と仏教界の反応』Cambodia Area Studies4-Kyoto Working Papers on Area Studies No.85、京都：京都大学東南アジア研究所。

Spiro, M. E.
1966　Buddhism and Economic Action in Burma. *American Anthropologist* 68(5): 1163-1173.

周　達観（和田久徳訳注）
　二〇〇八　『真臘風土記——アンコール期のカンボジア』東京：平凡社。
高楠順次郎監修
　二〇〇二　『オンデマンド版　南伝大蔵経第十五巻　相応部経典四』東京：大蔵出版。
　二〇〇二　『オンデマンド版　南伝大蔵経第十六下巻　相応部経典六』東京：大蔵出版。
　二〇〇三　『オンデマンド版　南伝大蔵経第二二巻下　増支部経典七』東京：大蔵出版。
Tambiah, S.J
　1968　The Ideology of Merit and the Social Correlates of Buddhism in a Thai Village. In *Dialectic in Practical Religion.* E. R. Leach (ed.), pp.41-121. Cambridge: Cambridge University Press.
　1970　*Buddhism and the Spirit Cults in North-east Thailand.* Cambridge: Cambridge University Press.
Terwiel, B. J.
　1975　*Monks and Magic. An Analysis of Religious Ceremonies in Central Thailand.* Lund: Studentlitteraturs.
Yagura, Kenjiro
　2010　*Community-based Safety Net in Rural Cambodia: Sangkeaha in Treang District, Takeo Province.* Osaka: Institute of Industrial and Economic Research, Hannan University.
Yang Sam
　1987　*Khmer Buddhism and Politics from 1954 to 1984.* Newington: Khmer Studies Institute.

［クメール語文献］
ជួន ណាត　(Chuon Nath)
　1967　***វចនានុក្រមខ្មែរ***（カンボジア語辞典）. ភ្នំពេញ: ពុទ្ធសាសនបណ្ឌិត្យ（プノンペン：仏教研究所）
ក្រសួងអប់រំយុវជននិងកីឡា（教育・青少年・スポーツ省）
　2012　***សិក្សាសង្គម ថ្នាក់ទី៩***（社会科九年生）. ភ្នំពេញ: ក្រសួងអប់រំយុវជននិងកីឡា（プノンペン：教育・青少年・スポーツ省）
មន្ទីរធម្មការនិងសាសនាខេត្តស្វាយរៀង（スヴァーイリエン州宗教局）
　2013　***ស្ថិតិ***（統計）. ខេត្តស្វាយរៀង: មន្ទីរធម្មការនិងសាសនាខេត្តស្វាយរៀង（スヴァーイリエン州：スヴァーイリエン州宗教局）
ពុទ្ធសាសនបណ្ឌិត្យ（仏教研究所）

1994　ព្រះត្រៃបិដកបាលី និងសេចក្ដីប្រែជាភាសាខ្មែរ សុត្តន្តបិដក អង្គុត្តរនិកាយ ចតុក្កនិបាត ចតុក្កភាគ ៤៣（三蔵経パーリ語およびクメール語訳、増支部経典四集四の一第四三巻）ភ្នំពេញ: ពុទ្ធសាសនបណ្ឌិត្យ（プノンペン：仏教研究所）

# あとがき

フィールドワークを振り返って思うことは、「生きること」について考え続けた日々であったということである。それは死があまりにも身近にあり、先日まで元気だった方が突然亡くなってしまうことが少なくなかったからかもしれない。遺体が焼かれていく様子を見ながら、「ほら、死んだら何も持っていけないでしょう」と言われたことを覚えている。そして、人びとの人生や希望についての話を聞くことが多かったからのように思う。目の前で泣かれてしまうことが何度もあり、人びとの希望は悲しみでできているようにも思えた。

人びとと共に暮らし、一緒に過ごすことや居合わせることで、人びとの悲しみ、苦しみ、喜びにふれた。仏教儀礼ではせめて経文くらいはきちんと朗誦しようと必死に覚えたことを思い出す。まさにフィールドワークは人びとの「生」そのものに向き合うことだった。

突然やってきた日本人の私がどれだけ人びとの生活を邪魔してしまったのだろう。温かく迎えてくれたみなさんに感謝するばかりである。当たり前だが人は一人で生きてはいないことを教えられた。多くの時間を共にした住み込み先のおじいさんと今は亡きおばあさん、住職や寺委員会のみなさん、そして何よりもスレイさんに御礼を申し上げたい。スレイさんは「一人では可哀想だから」と筆者を哀れみ、いつも調査に同行してくれた。スレイさんの人的ネットワークや情報網がなければ調査ができなかった。そして、「自分たちはこうやって調べて書き残すことをしてこなかった。だから書いて子孫たちに残すことは重要。それを日本人がやってくれている」と言ってくださった。その温かい言葉が強く記憶にとどまり、長期にわたる調査結果をまとめるという困難に直面しながら、記述することの重みと責任を感じている。

その他にも数多くのみなさまにお世話になった。指導教員の関 一敏先生や浜本 満先生をはじめ、留学先受け入れ教員の王立芸術大学のアン・チュリアン先生、スヴァーイリエン州宗教局のソピアさん、ウナロム寺のサラット師、仏教研究所アドバイザーの手束耕治さんに謝意を述べたい。

なお、長期調査では松下幸之助記念財団のスカラシップの支援を、補足調査では仏教学術振興会の支援をいただいた。また、本書の執筆にあたっては風響社の石井 雅さんよりアドバイスをいただいた。お世話になったみなさまに心より感謝申し上げる。

最後に、突然NGO職員を辞めて学生に戻り、長期調査のためにカンボジアに行ってしまった私を辛抱強く見守ってくれた夫、そして猫のタマに感謝の気持ちを述べてあとがきとしたい。

**著者紹介**

大坪加奈子（おおつぼ　かなこ）

1977年、宮崎県生まれ。

九州大学大学院人間環境学府人間共生システム専攻博士後期課程単位取得退学。

現在、九州大学大学院人間環境学研究院学術協力研究員。

主な論文に、「護符をつくる、完成させる――カンボジアのヨアンにみる変転するモノの属性」（関一敏編『モノ――共生社会学論叢Ⅸ』九州大学大学院人間環境学府共生社会学講座、2013年、25-38頁）、「『よりよき生』への準備――カンボジアのボン・カタンにみる功徳の観念と実践」（関一敏編『信仰／信頼――共生社会学論叢Ⅶ』九州大学大学院人間環境学府共生社会学講座、2012年、55-70頁）などがある。

社会の中でカンボジア仏教を生きる
在家修行者の経験と功徳の実践

2016年10月15日　印刷
2016年10月25日　発行

著　者　大坪 加奈子

発行者　石 井　　雅
発行所　株式会社　風響社

東京都北区田端4-14-9（〒114-0014）
Tel 03（3828）9249　振替 00110-0-553554
印刷　モリモト印刷


ISBN987-4-89489-789-2　C0039